w_orten
& meer

Dragoslava Barzut
Die Nähe verlieren
Aus dem Serbischen von Marie Alpermann
Im Original erschienen unter dem Titel »Papirne disko kugle«,
Verlag Red Box Beograd, 2017.

1. Auflage, Hiddensee: w_orten & meer, 2021
ISBN 978-3-945644-26-3

Die Arbeit von Marie Alpermann am vorliegenden Text wurde vom
Deutschen Übersetzerfonds gefördert.

Übersetzungslektorat: Jovana Škrijel
Umschlaggestaltung: bureau zanko
Satz: Büro für Gedrucktes, Beate Zimmermanns
Druck: Oktoberdruck GmbH

Dieser Band wurde umweltfreundlich gedruckt:
- auf 100 % Recyclingpapier, FSC-zertifiziert mit dem Blauen Engel
- mit mineralölfreien Druckfarben ohne Isopropanol
- ohne Folie kaschiertes Cover
- uneingeschweißt

RECYCLED
Papier aus Recyclingmaterial
FSC® C105965
FSC www.fsc.org

Umfassende Nachhaltigkeit in Bezug auf natürliche Ressourcen und soziales Miteinander ist Verlagskonzept: Strom und Gas für das Büro beziehen wir über Greenpeace Energy, wir reparieren, statt neu zu kaufen, unser Bürobedarf ist ökologisch, und wir versuchen alle Arbeitsprozesse möglichst fair zu gestalten. Wir setzen uns ein für ein wertschätzendes und ressourcenschonendes Sein in Welt.

w_orten & meer GmbH
Verlag für verbindendes diskriminierungskritisches Handeln
Süderende 86, 18565 Insel Hiddensee
Email: kontakt@wortenundmeer.net
www.wortenundmeer.net

Bibliografische Information der Deutschen Nationalbibliothek:
Die Deutsche Nationalbibliothek verzeichnet dieses Publikation in der Deutschen Nationalbibliografie; detaillierte bibliografische Daten sind im Internet über https://portal.dnb.de abrufbar.

Dragoslava Barzut

DIE NÄHE VERLIEREN

Aus dem Serbischen von
Marie Alpermann

w_orten
& meer

Sehr geehrtes Publikum, ich eröffne Ihnen ein schreckliches Geheimnis: die Kunst unseres Jahrhunderts gerät auf Abwege – weil sie sich *fürchtet.*

Nur die Liebe bewahrt vor der Angst, nur sie allein ist fähig, uns zu beschützen, und wenn wir sie nicht in uns tragen, dann … dann … (Ich weiß wirklich nicht, *was* dann.) Mensch sollte nicht, nein, mensch sollte dem kalten Sternenglanz liebloser Schönheit nicht nachjagen: solche Weggefährt*innen gewinnen wir nicht auf dieser Reise.

Oksana Sabuschko
»Feldstudien über ukrainischen Sex«[1]

1 Oksana Sabuschko: Feldstudien über ukrainischen Sex. Aus dem Ukrainischen übersetzt von DAJA. Droschl 2006, S. 151. Anm. der Übersetzerin: Mit freundlicher Genehmigung des Verlags wurden folgende genderismuskritische Änderungen gegenüber der originalen Übersetzung vorgenommen: »Sehr geehrtes Publikum« statt »Ladies und Gentlemen«, »mensch« statt »man« sowie »Weggefährt*innen« statt »Weggefährten«.

Die dritte Wohnung seit heute Morgen. Die letzte für heute. Notgedrungen lasse ich mich auf das Abenteuer ein. Wir unterhalten uns. Ich fürchte, er könnte mich durchschauen. Gleich könnte genau das eintreten, was in meinen Gedanken Kreise dreht. Ich schwitze. Abnormal. Als ob gleich etwas Schreckliches passiert. Jeden Augenblick. Dann werde ich keinen Mucks mehr von mir geben und anfangen zu zittern. Tief einatmen, das hat mir Dolores vor ungefähr fünfzehn Jahren beigebracht. Ich erinnere mich noch gut. Ich sauge die Luft der kleinen Küche mit großem Fenster tiefer ein. Ich atme und betrachte das einzigartige Dächer-Ensemble vor mir. Beantworte die Fragen. Mir wird Kaffee angeboten. Ich nehme einen. Jetzt wird es passieren. Er wird die Titelseite der Zeitung anschauen. Und mich erkennen. Mir gefällt diese Wohnung. Sie ist kuschelig. Mir gefällt mittlerweile alles. Meine Ansprüche fallen mit den Lidern meiner müden Augen. Außerdem ist sie hell, das ist doch wohl wichtig. Hauptsache, ich breche nicht völlig zusammen. Ich nehme mir vor zuzuhören und nur zu reden, wenn ich gefragt werde. Schon passiert es. Dreißig. Ich arbeite. Ich schreibe. Oh, schön, du bist Künst*lerin. Ich bin Komponist. Vor dir hat hier ein junger Mann von der Kunstakademie gewohnt.

Schau, seine Zeichenbögen sind in der Wohnung geblieben, nimm sie ruhig, wenn du sie gebrauchen kannst. Ich schreibe Bücher, zur Zeit einen Roman. Nein, leider habe ich kein Exemplar dabei. Ja, einen Hund, mittelgroß. Genau, der Richtige ist noch nicht gekommen. Ich finde es okay, allein zu sein. Stimmt, einfacher ist es zu zweit. Das tut mir leid, dass Ihre Frau gestorben ist. Paarundzwanzig Quadratmeter mit separater Küche. Sie müssen mich nicht siezen. Das hier ist der alte Eingang, vom Hof, er war früher für die Angestellten. Der Eingang gehört zu beiden Wohnungen, Tür an Tür. Hinter der anderen Tür lebt eine Frau, sie ist zwischen vierzig und fünfzig. Sie leitet eine Kaufhaus-Filiale, geht morgens früh aus dem Haus und kommt erst nachts zurück. Sie bekommt nie Besuch. Ihr teilt euch den kleinen Flur hier. Die gemeinsame Tür muss immer abgeschlossen werden, immer, auch wenn du nur eine Minute rausgehst. Gegenüber, hinter dieser Tür, lebt eine Journalistin, die in Rente ist. Sie teilt sich den Flur mit einer Wohnung, die auch vermietet wird. Die junge Frau unten drunter dreht gern die Musik laut auf, ich kannte sie schon, als sie noch sooo – er zeigt es mit der Hand – klein war. Jetzt lebt sie allein. Die Eltern sind aufs Land gezogen. Auch sie teilt den Flur mit einer anderen Mietwohnung. Die Wohnungen wurden für Angestellte gebaut. Sie dienten der feinen Gesellschaft, die im Vorderhaus wohnte. Ja, das haben Sie schon gesagt. Du musst mich nicht siezen. Entschuldigen Sie.. Hier im Flur steht ein Gefrierschrank, wahrscheinlich brauchst du ihn nicht, aber ich weiß sonst nicht, wohin damit. Den Kühlschrank in der Küche hat meine verstorbene Tante aus Deutschland mitgebracht, in den Sechzigern. Damals war er schon gebraucht, aber er ist besser als viele, die heutzutage hergestellt werden. Die Tante ist viel gereist, eine Dame von Welt, aber nun ja, sie hat nie geheiratet. Deshalb hat sie die Wohnung mir vererbt, dem ihr am nächsten stehenden Verwandten. Der Griff ist ein bisschen ungewöhnlich, aber so hier funktioniert es, er muss richtig einrasten, dann ist er zu, achte da gut drauf. Meine Tante war wie ein Hamster, hier war alles vollgestellt, aber ich konnte die Sachen nicht wegschmeißen, wie das eben ist, heb das auf, heb jenes auf … Dann gingen hier die Antiquitätenhänd*lerinnen ein und aus, für den Leuchter dort im Wohnzimmer haben sie mir gutes Geld angeboten, aber ich, ach ja, eine Kugel hat gefehlt, die habe ich einfach neu besorgt, und zwar für nicht wenig, ich kann einfach nichts verkaufen. Ich mag einfach nichts verkaufen. Meine Tante hat mir viel geholfen im Krieg, sie hat meiner Frau, die damals schon schwer krank war, Medikamente geschickt, paketeweise übers Rote Kreuz. Auch Geld hat sie uns geschickt, meine Tante war sparsam. Sie hat im diplomatischen Dienst gearbeitet, hat gut verdient. Und große Ersparnisse hinterlassen. Damals fuhren einige Leute mit LKWs nach Bosnien rüber, bis Sarajevo, sie haben fürs Rote Kreuz gearbeitet und die Pakete überbracht. Ich atme tief ein, alles wird gut, gleich, denke ich. Alles wird gut. Bis Ende Oktober werde ich einziehen, heute ist der 14. Oktober. Dass du einen Hund hast, stört mich nicht. Aber die Menschen binden sich immer so an Haustiere, und irgendwann sind sie weg, verstehst du. Das ist doch eine Qual. Du hast genug Steckdosen, in der Küche, und hier im Flur, nur leider haben die Leute, die vor dir hier gewohnt haben, sie herausgerissen, haben sie nicht gut behandelt. Also nicht daran zerren, schön ordentlich den Stecker ziehen. Ich hab sie alle repariert. Eine Stunde ist vergangen. Um drei muss ich bei der Polizei sein. Mein Handy explodiert vor lauter Nachrichten. Ich hätte es ausschalten sollen. Ich machs jetzt aus. Acht Jahre. Nein, ich habe hier nicht studiert. Wegen eines Jobs bin ich hergekommen und dann dageblieben. Ich konnte nicht mehr feststellen, woher die Vibration kam, aus meinem Körper oder aus dem Telefon. Polizei, Vernehmung. Ein sonniger Tag, 14. Oktober. Auf dem Tisch liegt eine riesige Schachtel Streichhölzer, 5 mal 3 cm. Darauf abgebildet: ein gezeichnetes Boot, eine Flasche und der Schriftzug PORTO CRUZ. Streichhölzer, die in keine Hosentasche passen. Nein danke, ich rauche nicht. Noch eine Lüge, denke ich ganz unaufgeregt. Alle lügen doch um durchzukommen. Aus Eigennutz. Aber das mache ich nicht, ich lüge ohne das geringste Eigeninteresse. Nur das, was alle am liebsten verschweigen würden, doch ich schweige nicht. Jetzt habe ich Lust auf eine Zigarette. Mit den Stoffrollos hier musst du ganz vorsichtig sein, sie funktionieren einwandfrei, pass mit der Schnur auf, mit der du den Stoff hoch und runter ziehst, drück nicht zu fest, quetsch sie nicht ein beim Schließen der inneren Fenster. Oder Gespenster, denke ich. Sie zerreißt leicht und dann ist es schwer, eine neue zu besorgen und anzubringen. Hier hat ein wunderbarer Junge gewohnt, Anfang der 2000er, direkt nachdem die Tante gestorben ist, Journalist, wirklich ein ganz wunderbarer Junge. Dann ist er irgendwo hingezogen, aber er hat lange bei uns gewohnt, es gefiel ihm hier. In zehn Minuten muss ich bei der Polizei sein. Vernehmung. Wird sie zurückziehen, werde doch nur ich aussagen. Bestimmt passiert etwas Schreckliches. Ich atme so tief wie möglich ein. Du musst tief einatmen, glaub mir, das hilft. Wir gingen zu Fuß. Es war Nacht. Eine der Silvesternächte, in denen gefeiert wurde. Dolores trug eine schwarze Jacke, im Revers etwas Rotes, eine Blume oder so, und ein blasses Gesicht. Tief durchatmen, tief durchatmen, gleich ist es vorbei. Ich konnte nicht wissen, dass ich in sie verliebt bin. Ein halbes Leben ist seitdem vergangen. Ich müsste jetzt los, endlich unterbreche ich die endlosen Antworten. Ja, die Kaution kann ich Ihnen vorbeibringen. Ja, morgen um eins, das passt mir gut. Ich habe Angst, die ganzen Nachrichten zu lesen. Ich tue es trotzdem, während ich vom zweiten Stock die halbrunde Treppe hinuntersteige. Für die Kaution wirds schon reichen, es wird reichen, irgendwas wird sich ergeben, es ergibt sich immer was. Dolores ist nach Bosnien gefahren. Ich gehe allein zur Polizei. Keine einzige Nachricht von ihr, Hauptsache sie macht keinen Rückzieher, sie darf keinen Rückzieher machen, das wäre nicht gut. Ich allein, das reicht nicht. Für den 14. Oktober ist es zu warm. Ich schwitze zu viel. Sogar nach dem Training, in der Umkleide, sind meine T-Shirts trocken, sie riechen kein bisschen, duften sogar noch ein wenig nach Weichspüler. Jetzt stinke ich. Leiser Schweiß steigt mir in die Nase. Ein paar E-Mails, zwei davon dringend. Es wird schon reichen für die Kaution, heute Abend, heute Abend. Umzugskisten. Ich muss später noch in den Laden und Kartons holen. Nur das Nötigste. Wenn ich zweimal fahre, wird alles in ein Auto passen. Die Bücher nehme ich später mit. Ich brauche die Bücher nicht. Bettzeug, Jacken, Schuhe, zwei Töpfe. Mein Vater hat mir Töpfe gekauft, zwei kleine Töpfe, ein ganz kleiner und ein etwas größerer. Seit acht Jahren kein Kontakt mehr. Vernehmung. Und mir ist übel. Ich brauche einen großen Topf für Spaghetti. Kein Mensch kocht ja wohl für eine Person Spaghetti. Wird schon alles in ein Auto passen. Ich gehe jetzt allein und dann kommt Dolores aus Bosnien zurück. Der Inspektor meinte, sie werde zurückkommen und der Vorladung Folge leisten. Wichtig ist, dass wir sagen, was passiert ist. Etwas ist passiert. Was ist passiert. Es ist passiert. Mein Körper und das Telefon beben, die Vibration breitet sich von der Tasche nach oben aus, bis zu den Brüsten. Ungeschickter Umstand. Schon prasseln die Katastrophen auf mich nieder, eine nach der anderen. Was passiert ist, ist nicht gut. Es ist gut, dass es passiert ist. Für irgendetwas ist es immer gut. Ich könnte die Jacke ausziehen. Es ist so heiß hier. Ich habe ja noch ein Hemd und ein Unterhemd an. Wo ist eigentlich das eine weinrote Hemd. Ich habe es lange nicht gesehen. Es steht mir ziemlich gut, finde ich. Wo ist dieses Hemd? Das wäre jetzt genau richtig für dieses wechselhafte Wetter. Vielleicht überlegt er es sich noch einmal anders bis morgen. Vielleicht liest er die Schlagzeile und sagt, er habe ein besseres Angebot für seine Wohnung bekommen. Er wird das alles nicht verstehen, oder vielleicht doch, aber welche*r will schon Probleme. Für die Kaution wird es reichen, es wird reichen für die Kaution.

Hier endet die Allegrüntönewiese. Die Wiese ist ein Wurm im Einmachglas, das Heranwachsen staubig. Verkrustet, sagt Oma zu Elodi, wenn sich das Marmeladenglas nicht öffnen lässt. Vergoren, das Glas ist vom letzten Jahr, erklärt sie ihr. Die anderen Kinder sagen »Spielplatz«, doch Elodi sagt »Wiese«. Sie ist weder besonders lang noch breit und von einer Buchsbaum- oder Ligusterhecke umgeben, so ist sie der ganzen Länge nach von der verkehrsreichen Landstraße abgeschirmt, die zur Annahmestelle führt, wo die Zuckerrüben für das Silo angeliefert werden. Bevor das hier ein Silo wurde, war es eine Mühle. Bevor hier Asphalt war, war es Erde. Dort, wo die Wiese ist, war früher ein Park mit dem ersten Radio-Lautsprecher im Ort, noch bevor der Fernseher in die Häuser kam und aus Schlafzimmern Wohnzimmer machte. Wenn in der Zuckerfabrik Šećerana – die wichtigste Industrie des Ortes – Rübenkampagne ist, und das ist im Herbst, ist Elodis Straße mit LKWs vollgestopft, die zum Abladen Schlange stehen. Sie warten Tage und Nächte lang in einer Kolonne und bewegen sich alle zwei Stunden mal fünf mal zehn Meter vorwärts. In Elodis Haus gegenüber der Wiese sind nur noch die parkenden, schlammig gelben Laster vom Fenster aus zu sehen, sogar die Wiese ist verdeckt.

Elodi sieht in genau so einem LKW vor dem Haus zum ersten Mal Menschen live beim Sex, sie sieht, wie sich ein männlicher Hintern hoch- und runterbewegt und hinter der Windschutzscheibe weiß durch die Nacht leuchtet. Elodi wohnt im Industriegebiet der Siedlung. Elodis Vater hat das Haus von seinem Vater geerbt, samt Hinterhof, Nachbar*innen, einer Dreschmaschine und zwei Aprikosenbäumen vor dem Haus. Mit komplettem Support-System. *Das ist überhaupt keine Wiese,* sagt Elodis Vater, *verwahrlost, voller Unkraut.* Nur wenn er mit ihr spricht, ist er so wortkarg. Mit anderen redet er lang und leidenschaftlich. In den Sechzigern war die Wiese mit Laternen ausgestattet, an den Pfählen befanden sich Lautsprecher, das war noch bevor die Leute fernsahen. Aus den Lautsprechern, dies sagt nun nicht mehr Elodis Vater, konnte mensch die Live-Übertragungen der Fußballspiele hören. Es kamen nur Männer, unterschiedlichen Alters, sie gröhlten laut und betranken sich. Anfang der Achtziger fällt die vernachlässigte Wiese an Elodi, an die neue Generation, als Erbschaft. Elodi und die anderen Kinder sind nicht undankbar, sie nutzen sie, jeden Tag, manchmal organisieren sie kollektive Arbeitseinsätze, jäten Unkraut und sammeln vertrocknete Zweige, bis sich eine ältere Person ihrer erbarmt und mit der Sense das Gras mäht oder mit einem Motorpflug die großen Unebenheiten ausgleicht. *Früher,* ergreift Elodis Vater nun wieder das Wort, das macht er ständig, er fügt etwas hinzu, was überhaupt nichts mit dem zu tun hat, was Elodi ihm gerade erzählt, – *das war allgemein bekannt – wurde sie von den Šećerana-Arbeitern instand gehalten.* So wie die Arbeit*erinnen der Šećerana alles instand hielten, das Stadion und das Schwimmbad und das Kulturhaus und die Kinderbibliothek und die beiden Kinos und die Kantine und den Hort. Nicht nur Elodis

Eltern haben die Zuckerfabrik, auch Elodi hat sie, in Form bezahlter Mittagessen – ihre Eltern benutzen die Bons für warme Mahlzeiten nicht, bringen aber das Essen mit nach Hause – und in Form bezahlter Bus-Monatskarten für die Mittelschül*erinnen, die in einen der größeren Nachbarorte zur Schule fahren müssen. Elodi hat auch freien Eintritt ins Schwimmbad. Später gab es keine Bons mehr, nur noch einen Sack Zucker, einen Sack Mehl, ein Haus voller unbekannter, verängstigter Menschen. Vorher aber, solange es noch Elodis Version der Šećerana gab und sie zusammen mit den übrigen Kindern die Zweige von der Wiese sammelte, wurde gespielt. Elodi hat die Live-Übertragungen nicht mehr gehört, sie hat auch die famosen Lautsprecher nicht gesehen, von denen ihre Eltern immerzu faseln, aber die Jungs spielen Fußball. Seriöse Straßenteams und Kämpfe. Die Mädchen kommen nicht oft, sie sind hinter den Toren aus zwei Ziegelsteinen, dort, wo zwei große Birken stehen, spielen Gummitwist und Kaufladen. Elodi steht dort bei ihnen, verfolgt aber die Spiele. Als die Mädchen nach Hause gehen, spielen die Jungs noch Fußball. Elodi geht nicht heim, sie setzt sich auf die Bank hinter den Ziegeln und schaut ihnen zu. Elodi weiß, wer mit links schießt, wer am geschicktesten dribbeln kann, wer wechselhaft und wer egoistisch spielt, wenn er den Ball abspielen müsste, wer den besten Überblick übers Spiel hat, sie kennt jeden ihrer Pässe und Bälle. Sie bemerken sie nicht. Elodi ist ungefähr zwei bis fünf Jahre jünger als sie und das ist viel, selbst wenn du ein Junge bist.

Die Zeit verrinnt langsam. Elodi kommt im Herbst in die fünfte Klasse und Fünftkläss*lerinnen sind die Besten im Fußball, ob Zufall oder nicht, aber auf der Wiese ist es so, Elodis präzise Beobachtungen sind unfehlbarer Beweis – später auch bekannt als

Indikator, ein qualitativer Indikator, der schwer zu *beweisen* ist. Elodi ist fast Fünftklässlerin, es ist Ende August und schon wird seltener gespielt, weil bald Schulanfang ist und das Wetter kälter wird. Elodi weiß, sie muss jetzt fragen, ob sie mitspielen darf, oder sie wartet bis zum Frühling, aber das ist schon nah an der sechsten Klasse und ab der Sechsten spielen die Jungs schlechter und kommen nicht mehr jeden Tag. Die Tage verstreichen und Elodi geht nicht zu ihnen. Stattdessen spielt sie Gummitwist und Kaufladen. Sie ist glücklich, wenn der Ball durchs Tor schießt und bis zu den Mädchen rollt, bis hinter die Birken. Sie strengt sich an, so gut wie möglich zu schießen, um sie zu beeindrucken. Das bemerken sie zwar nicht, macht aber nichts, Elodi ist überglücklich. Bis zu einem Vorfall.

Erste Septemberwoche, Schulanfang. Es ist warm, herbstlich warm, nach wie vor wird Fußball gespielt. Die Mädchen gehen nach Hause, es dämmert bereits. Es steht 6:5 für das schwächere Team, wie Elodi findet. Sie hockt etwas abseits, wo die Birken sind, und fiebert mit – im Stillen. Es wird dunkel, aber das Team, für das Elodi ist, rennt, als wäre gerade erst Spielbeginn. Sie spielen wie im Finale Mailand – Barcelona in der 1993–94er-Saison, so haben sie auch die Teams gebildet. Die eine Gruppe ist Fan des italienischen Clubs Mailand, in dem auch Dejan Savićević aus dem jugoslawischen Nationalteam spielt, die andere ist für Barcelona. Savićević hat damals im Champions-League-Finale in der 47. Minute ein Tor gegen Barcelona geschossen. Wahrscheinlich tragen deshalb alle Jungs Mailand-Trikots. Nachbarin Vesna schmuggelt sie aus Bulgarien ein, denn im Laden ist kaum Öl und Mehl zu bekommen. Das Team Barcelona hat keine Trikots. Elodi ist ihr Fan. Goran, der Sechstklässler in weißem Sport-T-Shirt, arbeitet sich bis zur Mitte vor, an zwei Jungs in Mailand-Trikots vorbei, und schon ist er rechts außen, ganz nah beim Torwart und am Ziegelstein … Aber Ognjen, Siebtklässler im Mailand-Trikot, grätscht scharf dazwischen und stößt ihn zu Boden … Das wär der Ausgleich geworden, ist sich Elodi sicher. Eine*n Schiri haben sie nicht. Und Elfmeter gibt es nur, wenn die*der Schiri ihn pfeift. Alle fangen an zu streiten. Goran steht mit aufgeschürften Knien auf, eins blutet. Goran zieht das Bein, an dem das Blut hinabrinnt, hinter sich her und kann nicht weiter. Auch Elodi steht auf, ihr Herz pocht, sie will hinlaufen und »Foul!« rufen. Stattdessen bleibt sie an ihrem Platz. Das Spiel ist beendet, doch der Streit wird zur Prügelei. Ognjen aus der Siebten will nichts von einem Foul hören, Barcelona verlangt Elfmeter. Ognjen fällt über Goran her. Die beiden kloppen sich im Matsch, dort neben dem Ziegelstein. Der Siebtklässler Ognjen ist groß und beweglich, der Sechstklässler Goran kleiner und schwächer, spielt jedoch besser. Elodis Herz schlägt wie wild, sie will hingehen, aber ihre Beine rühren sich nicht. Wie angewurzelt bleibt sie so stehen, bis alle schließlich nach Hause gegangen sind.

Am nächsten Vormittag hat Elodi so hohes Fieber, dass ihre Mama Elodi alle zehn Minuten die Socken auszieht, mit Alkohol tränkt und wieder über ihre runzeligen Füße schiebt. Kurz zuvor hat sie noch herumgeschrien, weil Elodi so spät nach Hause gekommen ist. Es musste ja eine Schuldige für das plötzliche Fieber in Elodis Körper geben. Elodi natürlich. Ihre Mutter beschuldigte immer irgendeine Person oder irgendetwas, ohne auch nur einen Gedanken daran zu verschwenden, dass Dinge manchmal einfach passieren, außerhalb der eigenen Kontrolle und ohne den geringsten Grund. Elodi kennt den Grund sehr gut, aber sie hält den

Mund. Sobald sie die Augen aufmacht, sieht sie die Foul-Szene wieder vor sich und quält sich mit der Frage, warum sie nicht hingegangen ist. Zum Glück kann sie die Augen kaum offen halten. Unterdessen montiert Dolores in ihrem Kopf den Film, schneidet, sortiert um und bringt Elodi dabei immer wieder zurück zur gleichen Szene, bis ins kleinste Detail, immer wieder aufs Neue, bis sie endlich in den Schlaf sinkt.

Auch am nächsten Tag fühlt Elodi sich nicht gut. Das Fieber will einfach nicht fallen. Sie kann sich nicht aus dem Bett bewegen und hustet. Die Lungen tun bei jedem Atemzug weh. Sie liegt da und hat das Foul vor Augen, der Sechstklässler Goran fällt, sie sieht feige von Ferne zu. Elodi möchte aber nicht abseits sein. Sie bringen sie zum Arzt, sie ist blass und hustet viel, das Fieber lässt immer noch nicht nach. Der Arzt hört die Lunge ab, verschreibt ihr zehn Injektionen Gentamicin. Elodi verträgt kein Penicillin. Das macht sie noch trauriger, zehn Tage, dann ist schon Mitte September, Ende mit der Wiese, die dritte Schulwoche. Sie ist Fünftklässlerin.

Dann kommt Oma, um nach ihr zu sehen. Oma erscheint in der Tür, ein kleiner Eimer Schweinefett und eine Zeitung in der Hand. Oma kommt immer mit dem Fahrrad. Sie wohnt im nächsten Ort, sieben Kilometer entfernt, aus dem Elodis Mama stammt. *Omas Äuglein*, wie sie Elodi nennt, schaut kaum unter der Decke hervor. Elodi hat Schüttelfrost und lässt sich die mit Alkohol getränkten Socken von Mama nicht mehr anziehen, sie friert. Schon den dritten Tag liegt sie im Bett. Oma überredet Elodi, die Decke zurückzuschlagen und den Frottee-Pyjama auszuziehen. Sie hilft ihr, sich auf den Rücken zu drehen. Oma nimmt den Plastikeimer und reibt Elodis Brustkorb mit Schweinefett ein. *Das Fett zieht das*

Fieber raus, sagt sie. Im Gegensatz zu Elodis Papa hörte Oma ihr zu und sprach mit ihr, allein mit Elodi. Elodi befolgt alle Anweisungen. Oma nimmt ein Blatt der Zeitung von heute. *Borba*, Kampf, heißt sie. Sie legt die Zeitung auf Elodis Brust. Das Blatt klebt am Fett und Elodi kann sich nicht mehr rühren. Oma holt einen Zahnstocher aus ihrem Pullover, bohrt ihn durch die Zeitung auf Elodi und sagt dabei: *Früher trugen nur die Männer Pullover, und heute stricken und tragen wir sie auch.* Mit Oma kann Elodi reden.

»Ich will Fußball spielen!«

»Dann spiel doch, mein Äuglein.«

»Ich will mit den Jungs spielen!«

»Na dann spiel doch mit ihnen, mein Äuglein!«

»Aber sie mögen keine Mädchen!«

»Geh nur zu ihnen und mach mit, du wirst schon merken, ob es klappt.«

»Sie lassen mich aber nicht!«

»Wenn du spielen magst, dann spiel!«

Das Fett tat seine Wirkung, obwohl Oma gesagt hatte, mit einem Leinentuch, das aus Flachs mit den blauesten aller Blüten hergestellt wird, sei es noch wirksamer. *Es vertreibt die Traurigkeit.* Oma kennt Elodi besser als Mama und Papa. Ich weiß nicht, ob Elodi das Medikament half oder Omas Geschichte – oder Dolores, die das Foul aus allen Perspektiven darstellte. Zwei Tage später geht Elodi wieder raus auf die Wiese.

Strategien, die andere Kinder einbeziehen, fallen Elodi nicht so leicht. Elodi weiß, dass sie es nicht allein kann. Also beschließt sie, sich an die Mädchen zu wenden und zu fragen, ob sie mit Fußball spielen wollen. Sie verwirrt sie.

»Aber wir haben noch nie gespielt, wir können nicht spielen.«

»Doch, wir lernen es einfach«, bleibt Elodi hartnäckig.

Die Mädchen schauen zu den Jungs, dann zu Elodi, das geht ein paar Mal so hin und her.

»Das wird lustig«, sagt Elodi unbeholfen.

Sie gucken sich eine Weile an, es vergeht eine lange Zeit. Die Mädchen willigen ein, sie gehen zusammen zum improvisierten Fußballplatz, wo die Jungs gerade dabei sind, ihre Teams zu wählen. Elodi fängt nicht als Erste zu sprechen an. Das übernimmt Tanja.

»Wir wollen mit euch Fußball spielen.«

Obwohl sie überrumpelt sind, lachen die Jungen. Ognjen aus der Siebten wird wieder ernst und verzieht das Gesicht zu einem Grinsen.

»Mädchen können kein Fußball spielen.«

»Wir wollen aber«, – wieder Tanja.

Die anderen Jungs, Vlado, Vojkan und Goran, sind einverstanden, es ist in ihren Augen zu sehen, doch Ognjen hat unmissverständlich festgestellt: Mädchen können kein Fußball spielen. Seine Auffassung weckt allerdings den Trotz der Mädchen, Tanja, Tijana und Tamara wollen ihren Plan jetzt nicht mehr aufgeben, obwohl sie Fußball überhaupt nicht interessiert. Sie übernehmen den Platz und schnappen sich den Ball. Sie laufen hintereinander her und jagen sich gegenseitig den Ball ab. Vojkan reagiert sofort: Sollen sie doch spielen. Er hat sowieso keine Lust auf Fußball. Vlado wird schwach, okay, los, wir spielen mit, aber halt nicht ernsthaft, doch Ognjen will nicht. Ognjen aus der Siebten ist dickköpfig und Elodi kleiner als er, fast halb so groß, außerdem ist sie zwei Jahre jünger, was viel ist, selbst wenn du ein Junge bist. Elodi weiß, dass Ognjen sich einbildet, er könne gut Fußball spielen, aber das stimmt nicht, er ist egoistisch, will alles allein machen und dann verliert er den Ball. Ognjen hat einmal mit seinem Schwager angegeben, der bei Zvezda spiele, er trug den Zvezda-Dress, *orijinale*, auch außerhalb vom Platz. Kein Kind wusste damals, was ein Original ist, sie trugen Sachen vom Markt, wo ihre Mütter geschmuggelte Kleidung aus Rumänien, Ungarn und Bulgarien verkauften. Ich bin mir nicht sicher, ob er in Bezug auf den Schwager und sein Trikot die Wahrheit gesagt hat. Elodi versteht nichts von Zvedza-Trikots. Elodi ist Partizan-Fan, weil ihr Vater Partizan-Fan ist. Obwohl sie eigentlich kein *Fan* ist, sondern Sympathisantin. Elodis Vater sagt genauso wortkarg, *Fan kann man nur von einem Club sein, und zwar von Velež*, wenn aber Partizan gegen Zvezda spielt, feuern sie zusammen Partizan an. Elodi hat keine Ahnung von diesem Velež, von dem ihr Papa redet, vielleicht spricht er ja mit anderen darüber, was das für Spieler sind. Elodi weiß nicht mal, was er arbeitet. Aufregung, Angst, Neugierde. Was Elodi jetzt gleich sagen wird, ist für ihre Verhältnisse extrem mutig. Elodi wird in ihrem ganzen Leben nie wieder so entschlossen sprechen:

»Ognjen, was hältst du davon: Wir beide spielen 1 gegen 1, wenn du zuerst ein Tor schießt, spielen nur die Jungs, wenn ich ein Tor schieße, spielen die Mädchen mit.«

Ognjen biegt sich vor Lachen, die Mädchen und Jungen rufen ihm zu: Was ist, Ognjen, traust dich wohl nicht? Er lacht immer noch und macht Faxen, willigt dann aber ein. Nun tragen alle die Ziegelsteine enger zusammen, es wird 1 gegen 1 gespielt. Sie entscheiden, welche*r zuerst den Ball hat. Wenn du 1 gegen 1 spielst, ist der erste Schuss entscheidend. Elodi hat *welche*r das erste Tor schießt* gesagt, sie hätte lieber sagen sollen, dass sie zumindest bis zwei spielen, wird ihr nun klar, doch dafür ist es zu spät. Vojkan schlägt vor, eine Münze um den Ball zu werfen, aber keine*r hat eine Münze dabei. Sie nehmen einen Stein, auch gut. Ognjen mogelt das Steinchen in seinen Händen hin und her und streckt ihr die geschlossenen Fäuste hin.

»Such dir eine aus«, lacht er weiter.

Elodi wählt die linke Hand, sie scheint ihr entspannter zu sein, sie folgt der umgekehrten Logik. Stimmt aber nicht, das Steinchen ist in der rechten. Später, nach vielen ausgetragenen Spielen, überlässt Elodi es den anderen, sie zu wählen. Es ist nicht fair, wenn du dich immer nur selbst wählen lässt. Der Ball geht an Ognjen, er greift an, Elodi verteidigt. Elodi ist in Verteidigungsposition, sie geht in die Knie, konzentriert sich auf den Ball, nicht auf Ognjens Beine. Ognjen schaut nicht zum Ball, sondern auf den Abstand zwischen den Ziegeln. Der Siebtklässler läuft von der Mitte los. Alle schweigen, als wären sie beim Elfmeterschießen. Elodi kann kaum atmen, aber sie lässt den Ball nicht aus den Augen. Der Ball bewegt sich. Einen Meter nach rechts, einen nach links, einen nach rechts, da schneidet Elodi ihn beim dritten Schritt. Ognjens Körper neigt sich in Richtung Elodis Tor. Elodi ist kleiner und schneller, geschickter, sie flitzt in Richtung Ognjens Ziegel. Elodi bewegt sich nicht so schnell mit dem Ball, nicht so schnell wie der Siebtklässler ohne Ball, Elodi schließt einfach die Augen und rennt drauf los. Ognjen holt sie auf zwei, drei Metern vor seinen Ziegeln ein und hält vor dem Tor, um zu verteidigen. Kurz vorher dachte Elodi noch, Ognjen würde sich auf ihren Ball stürzen, aber er verteidigt die Ziegelsteine. In diesem Moment schießt sie zur eigenen und aller anderen Bestürzung leicht und geradlinig … Der Ball rollt durch Ognjens Beine und TOR! Elodi hat gewonnen.

Das war in Wirklichkeit genau so. Reines Glück.

Ognjen schreit, dass er den Ball extra durchgelassen habe und gegen Mädchen nicht ernsthaft spiele, doch kein Mensch glaubt ihm. Die übrigen Jungen fangen an, Elodi anders wahrzunehmen. Mädchen und Jungs wählen unter sich die Teams. Sie spielen bis Mitternacht.

Am nächsten Tag regnete es.

Elodi wäre fast ertrunken. Das Ertrinken dreht sich beim Schaukeln neben dem Kanal ein. Durch die Kanalaushebung sollte über Donau, Save und Theiß eine Verbindung bis zur Adria geschaffen werden. Sommer dreiundneunzig. Elodi ist verschwunden. Das Becken des Freibads hinter der Pappel und dem hohen Eisenzaun wird gerade befüllt. Anfang Juni im vergangenen oder vorvergangenen Jahr. Elodi steigt von ihrem Fahrrad und sucht eine Position, von der aus sie am besten die Fliesen sehen kann. Eine Stunde, zwei Stunden, drei Stunden sind vergangen. Währenddessen organisiert ihre Mutter eine Fahndung nach ihr. Elodi kommt im September in die erste Klasse, sie lebt für den Moment, in dem sie das erste Mal dieser Saison ihr geliebtes Schwimmbad wiedersieht. Nicht zu vergleichen mit der Adria, das Stimmengewirr im Freibad, die erste Berührung mit dem Wasser im Fußbad vor Betreten des Beckens, der Chlorgeruch. Für Elodi bedeutet das Freibad: alles. Und nicht nur für Elodi: das Schwimmbad war auch in Wirklichkeit eines der ersten jugoslawischen olympischen Bäder, das die Zuckerfabrik für ihre Leute erbaut hat. Achtundsechzig haben hier, wie Elodis Vater erzählt, die Wasserballspieler der Repräsentation Jugoslawiens als erste gebadet. Um das Schwimmbad kümmerten sich die Arbeit*erinnen der Šećerana. Auch wenn Elodi das nicht weiß, in den Siebzigern war es mit schmalen dunkelroten italienischen Kacheln umrandet, an denen sich die Generation ihrer Eltern die Köpfe aufschlug. Die Kacheln platzten ab und die Arbeit*erinnen der Šećerana räumten sie weg, Saison für Saison, bis sie völlig verschwunden waren. Elodi blickt auf Beton, vier Sprungtürme, olympische, ein breiter Balkon, dort stehen ein Imbiss und ein Eisautomat, Duschen, dahinter das mittlere und das kleine Becken. Seit Elodi denken kann, war das Schwimmbad nur in einem Jahr geschlossen, und zwar dreiundneunzig.

Die Fahndung nach ihr bewegt sich entlang beider Seiten des Kanals, der durch den ganzen Ort fließt. Elodi lebt mit ihren Eltern in der Straße, die zur Hubbrücke führt, sie hat aber nur ein oder zweimal gesehen, dass die Brücke tatsächlich für Schiffe geöffnet wurde. Schon lange fahren keine Schiffe mehr auf diesem Kanal. Voller Aufmerksamkeit beobachtet Elodi, wie sich das Becken dort, wo es fünf Meter tief ist, mit Wasser füllt; sie befindet sich auf der anderen Seite, dort, wo die Tiefe einen Meter fünfundvierzig beträgt. Sie hatten gerade erst begonnen, das Wasser einzulassen. Elodi lugt durch den Zaun. Das Einlassen dauerte ungefähr zehn Tage. Ganz am Ende sieht sie zehn Startblöcke. Von einem, der Eins, sprang sie zum ersten Mal und versuchte zu schwimmen, das war letztes Jahr im Kinderschwimmkurs, den die Arbeit*erinnen der Šećerana organisiert hatten. Eine Stunde und noch eine vergingen. Sie konnte nun nichts mehr sehen, die Dunkelheit füllte alle Ritzen aus. Sie setzte sich auf ihr kleines slowenisches Fahrrad, ein rosa Bike der Marke *Rog*, es ist kleiner als ein »Pony«, ein Klappfahrrad. Ihre Mutter fährt ein Pony. Sie fährt die drei Straßen zur Brücke mit der gleichen Geschwindigkeit hinunter, mit der sie jeden Abend drei Straßen hochfährt, um *Varenika* zu kaufen, wie Elodis Oma zu Milch sagt. Dabei hängt sie die Blechkanne über den Lenker und fährt in Richtung Schubkästen, auf die andere Seite des Kanals, gegenüber des Schwimmbads. *Schubkästen* sind in diesem Text Bohrlöcher, in denen sich die Melasse ablagert, weswegen Elodis ganzes Viertel unkontrolliert stinkt. Sie konnte wunderbar Fahrrad fahren, verschüttete niemals Milch dabei. Dann kommt sie zur Brücke, die nicht mehr hochgeht, dafür auf jeder Seite eine Weide und einen Fußweg hat. Von dort aus wird geangelt, mit Schilfrohr. Einen dieser Fußwege überquert Elodi nun. Zwischen ihr und der Straße liegt nur noch das Silo. Hier fängt ihre Straße an. Hier neben dem Tor zum Silo und der Verbreiterung, durch die zwei beladene LKWs passen.

In Elodis Kopf sieht das, was nun folgt, so aus:

Die leicht abschüssige Verbreiterung ist die Theaterbühne, gerade wird dort ein Kinderstück gespielt. Alle Nachba*rinnen spielen mit, doch die Hauptrolle des *Schnellkochtopfs* hat ihre Mutter. Für Elodi ist es eine Szene in Slow Motion, wie im Film *Der diskrete Charme der Bourgeoisie*, wenn die Personen in den Hauptrollen übers Feld schreiten. Vor Elodis Augen wirbelt Staub auf, so ähnlich, wie wenn sie mit Papa neben dem Kanal Motorrad fährt. Elodis Vater fährt ein Moped von Tomos mit zwei Gängen. Im Hof steht noch ein blaues Tomos mit Automatik. Elodi setzt sich liebend gern darauf und stellt sich vor, wie sie fährt. Einmal wäre sie fast ans Tor gestoßen.

Elodi hält an und berührt mit den Füßen den Asphalt. Sie sitzt auf ihrem Fahrrad. Elodi übernimmt die Rolle einer Zuschauenden.

Allerdings ist das ein interaktives Stück und verlangt Beteiligung vom Publikum – auch gegen dessen Willen. Die Nachba*rinnen stehen im Hintergrund, als Statis*tinnen. Für die Inszenierung ist es wichtig, dass die Schauspielenden die Rolle der Zuschauenden übernehmen und auf der Bühne versteinern, denn dadurch wird die volle Aufmerksamkeit auf die Hauptdarstellerin gelenkt, was junge Schauspielende nur schwer erlernen. Die Eltern aus Elodis Straße bleiben immer jung. Konflikt. Ihre Mutter schreit und schlägt sie unkontrolliert, ungefähr so unkontrolliert, wie sich der Gestank ausbreitet, auf Arme und Beine, in den Bauch, überallhin. Schlussendlich fällt sie vom Fahrrad. Mama zerrt sie am Arm, Elodis Muskelshirt ist bis zum Hals hochgerutscht, ihre Hüften über den gelben Bermudashorts sind zu sehen. Sie schleift sie genau bis zum siebten Haus, wo sie die Szene verlassen. Das Bike bleibt bis zum Abend auf der Bühne, dann stellt jemensch es zärtlich zurück vor Elodis Tor. Dolores. Fahrräder wurden damals nicht geklaut. Den Abend verbrachte Elodi in der Badewanne liegend, alles brannte. Danach ging sie einige Tage lang nicht aus dem Haus, doch nicht etwa wegen der bunten Farben auf Armen und Beinen, und es war Sommeranfang, will ich noch mal sagen, sondern wegen der Hauptrolle, die ihre Mama vor Darstellenden und Publikum gespielt hatte. In diesem Stück hasste sie ihre Mutter. Elodi verzieh ihr niemals, dass sie eingewilligt hatte, die Rolle des sie anpfeifenden Schnellkochtopfs zu spielen, auch wenn sie sie später verstehen konnte.

Elodi versteht auch nicht, warum in dieser Saison dreiundneunzig das Schwimmbad nicht öffnet. Bis zum letzten Moment war unklar, ob es aufmachen würde. Normalerweise öffnete das Bad in der ersten Juniwoche und nun war der Juli bereits verstrichen. Elodi ist hartnäckig und fragt alle möglichen Leute, sie geht dreimal täglich zum Schwimmbad und zur Pforte der Šećerana, bekommt jedoch keine Antwort.

Viele ihrer Altersgenoss*innen fingen im Kanal zu schwimmen an, Elodi allerdings nicht, ihre Mutter fand, der Kanal sei zu dreckig und nichts für ein Mädchen. Ihr Vater hatte im Kanal schwimmen gelernt, die Mutter lernte es jedoch nie. Bis zweiundneunzig verbrachten sie die Sommerurlaube im dalmatinischen Trpanj, im Šećerana-Betriebsferienheim. Elodi liebt es, mit Papa weit hinauszuschwimmen. Mama sonnt sich nur. Elodis Mama versuchte im ersten Ehejahr das erste Mal zu schwimmen. Elodis Mama lernte erst ihren Mann kennen, dann das Meer.

Elodi wäre in Trpanj fast verlorengegangen. Ein Abendspaziergang mit Mama und einer ihrer Strandfreundinnen. Elodi starrt gebannt ins Schaufenster, noch weiß sie nicht, dass das ein BMX ist. Sie bleibt vor dem Schaufenster stehen, ihre Mutter redet weiter. Wir sind nie zusammen spazieren gegangen, mein Mann saß immer in einem der Straßencafés. Ich erinnere mich noch an die interessante Promenade in Trpanj, es gab dort eine Schallmauer, sodass sich die Musik aus den verschiedenen Cafés nicht vermischt hat. Ich habe sie überall gesucht, *wir suchen ein Mädchen mit gelben Bermudashorts und Matros*innen-T-Shirt.* Alle Leute, die mir auf der Strandpromenade entgegenkamen, fragte ich nach ihr. Ich traf ein paar Menschen aus Italien, die versuchten mir auf Italienisch zu erklären, Elodi sei gerade in diese Richtung abgebogen. Elodi stieß auf meinen Mann, vollkommen zufällig, mein Mann war erschrocken, dass ihm seine vierjährige Tochter allein entgegenläuft. Als ich ihn sah, erschrak ich. Das erzählt nicht mehr Elodis Mama. Elodi erschrak. Doch diesmal bekam Elodi keine Schläge, sie bekam eine Cola. Sie wusste noch nicht, was die Adria ist, dafür erfuhr sie, was ein BMX ist.

Was der Kanal ist, weiß Elodi ebenfalls nicht – bis zu jenem Jahr dreiundneunzig, als das Schwimmbad tatsächlich nicht öffnete. Die Arbeiter der Šećerana sind nun auch Väter, nicht mehr nur Zuckerfabrikarbeiter, einige von ihnen werden eingezogen. Elodi weiß nicht mal, was das bedeutet. Einige Väter haben sich zusammengetan und einen Teil des Kanals gesäubert, diese Väter gingen nirgendwohin, andere meldeten sich hingegen freiwillig. Sie entfernten den Schlamm und schafften einen Zugang, gleich neben der Nicht-mehr-Hubbrücke. Für den Einstieg fertigten sie sogar Treppenstufen aus unbearbeitetem Pappelholz. Ein Stück Garten diente als improvisiertes Café mit drei oder vier Tischen. Elodi drängelt ihren Vater, mit ihr baden zu gehen. Ihr Vater macht das nur einen Augusttag lang. Elodi badet. Elodi kann sich gut an der Wasseroberfläche halten. Das Wasser ist trüb und grün. Elodi sieht ihren Vater, er spielt an einem schattigen Tisch unter der Weide Karten. Sie zögert die Haare nasszumachen und schwimmt kopfunter wie beim Schnorcheln. Die Augen darf sie nicht öffnen, da unten gibt es alles Mögliche, auch eine Waschmaschine, wie sie von der Nachbarin Zlata gehört hat, und tote Schweine.

Nun folgt das Ertrinken:

Ein Mädchen kommt in den Kanal, ein Jahr jünger als Elodi. Sie läuft auf Elodi zu, berührt mit ihren Füßen den Boden, der Kanal ist uneben, voller Löcher. Das Mädchen kann sich nicht mehr über Wasser halten und klammert sich krampfhaft an Elodi. Obwohl Elodi kämpft, erst mit Worten, sie versucht sie zu beruhigen, dann auch physisch, mit der Kraft ihres Körpers – es gelingt ihr nicht, dass beide oben bleiben. Panik ergreift das Mädchen, so wie Elodis Mutter, das Mädchen drückt sie unter sich, immer tiefer. Elodi versucht herauszuschwimmen, doch das Mädchen ist stärker, Elodi gibt auf. In dem Moment zieht sie jemensch sanft heraus. Dolores, die Tochter der Kapitänin. Der älteren Kapitänin war Angst und Bange, sie machte sich Sorgen um alle Kinder, außer um Elodi. Die Kapitänin vertrieb die Kinder mit einem Luftgewehr von der Wiese. Ein Teil des Kapitäninnenhauses stand auf der Wiese. Der Mann der Kapitänin ist ein Lulatsch mit Matros*innenschnauzer, Wildwest-Stiefeln und Hut, sein Lebensziel: elf Söhne machen, denn schließlich besteht ein Fußballteam ja aus elf Spielern. Dolores hatte zwei Schwestern, aber Töchter zählten nicht. Als er es bis zum neunten Sohn geschafft hatte, schoss er in der Kneipe *Sutjeska*, mitten im Zentrum der Stadt, auf einen Menschen. Was danach passierte, weiß ich nicht, kann sein, dass er aus dem Knast entlassen wurde.

In Wirklichkeit spielt sich die Rettungsszene anders ab. Elodi wird von ihrem Vater gerettet, der sie zwischen Pik Ass und Karo Dame aus dem Augenwinkel beobachtet. Elodis Vater springt über die Tische und zieht die zwei Mädchen aus dem Kanal. Diese Wirklichkeit existiert allerdings nicht mehr, wie auch alles Übrige aus der Geschichte nicht mehr existiert, weder die Šećerana noch Trpanj, weder das Rog-Bike, noch das Tomos-Moped, weder Kanal, Schwimmbad, Brücke, Weide oder Pappel, weder die Geschichte selbst, noch der Vater, der Elodi retten kann.

Die Küche dient als Abstellraum für Dinge, die ihr eigenes Zimmer verloren haben. Den Wasserkocher aus Plastik habe ich hergeschleppt, er stand in der vorherigen Wohnung auf dem Fensterbrett. In der jetzigen ist die Fensterbank niedriger, ich kann mein Buch und meine Tasse daraufstellen. Doch wohin mit dem Kocher und mit dem kleinen Arbeitstisch, dem weißen Tellerset, dem Dutzend Tassen-mit-Erinnerung. Die neue Küche ist klein, ihr Blick geht auf das einzigartige Dächer-Ensemble. Zeitgleich mit dem Blick verändern die Umzüge auch meine Lektüre. In den Studi-Küchen, die noch die Eltern bezahlten, gab es nur Theorie zu lesen. Ein Brett zum Tabakschneiden steht auch da. Zwei alte Orangenschalen auf dem Nachtspeicherofen. Nach dem Auspressen auf den Ofen gelegt, erfüllen sie die Küche mit einer leichten Frische, ihr Charakter wird von einem Hauch Gewürze bestimmt, die Dolores an verschiedenen Orten auftreibt, neulich in der ulica Nušić. Einmal ging ich mit ihr mit, sie hatte sich bereits mit dem Verkäufer angefreundet. Dolores ist *anfreundsam*. In den leeren Zimmerecken schaffe ich es nicht, meinen Willen mich zu bewegen zusammenzuraffen. Der Kalender dient als Untersetzer für die Tasse neben dem aufgeklappten Laptop, auf dem sich die Staubpartikel blitzartig verteilen. Ich bin ein Hund, dem die Zeitvorstellung abhanden gekommen ist. Alles auf dem Tisch stirbt. Alles in diesem Zimmer erinnert an den verpassten Volltreffer. Absolute Konterchance, ich bin allein mit der Torhüterin, Auge in Auge, und – unglaublich aber wahr – schieße daneben. Das ganze Tor vermasselt. Die Wohnung über mir wird umgebaut. Stimmen sind zu hören. Eine außergewöhnliche Chance, die Torhüterin war auf den Knien und ich schieße daneben. Auf der Herdplatte steht die Emaillekanne, das Geräusch kurz vor dem Blubbern macht mich einige Sekunden vorfreudig aufgeregt. Ich würde nie denken, dass in so eine kleine Džezva genug Wasser und Pulver für zwei Kaffee passen, aber so ist es. Ich bin total geschickt durchgebrettert, über den Platz gedonnert, allen über links außen entkommen, an der Verteidigung vorbeigerast. Ich sollte mal lernen, Zigaretten zu drehen. Auf dem Zelenjak gibt es den billigsten Tabak. Ich überschlage das, meine Ersparnis wäre groß. Doch anstatt eine Ecke zu wählen, in die ich zielen will, schieße ich übereilt ab. Der Ball zischt himmelhoch hinaus. Ich habs verpatzt. Voll daneben geballert. Dum. Dum. Dum. Das Wasser ist kurz vorm Aufkochen, gleich ist es soweit. Ich zittere ein bisschen. Ich verstecke meine zitternden Finger vor mir selbst, indem ich sie unter die Tischplatte lege. Dolores habe ich beim Fußball kennengelernt. Da oben steht eine Kaffeedose aus Metall, dort. Ich starre auf die Metalldose und mir wird klar, sie ist unbeweglich, ich schleppe sie seit Jahren von einer Wohnung in die nächste. Sie, ich werde sie Dolores nennen, macht die ersten Schritte. Das macht mich immer wieder fertig. Während ich Kaffee koche, vermisse ich sie. Das Gefühl des Vermissens trifft mich so unmittelbar, dass ich noch mehr zittern muss. Verdammter Fußball.

Der Sommer zieht durch die Küche, doch ich sehe ihn nicht. Solche Küchen in Mietwohnungen kennen wir alle. Nur Dolores nicht. Es gefällt mir nicht, dass ich sie Dolores nenne, aber ich kann sie auch nicht als Pronomen auf der Reservebank sitzen lassen. Nennt sie, wie ihr wollt. Da hocken wir also, auf der Gesprächsleerstelle. Sie kann nicht sprechen, ist unsicher, wo und wie sie beginnen soll. Was passiert ist, ist lange her und unwichtig, es interessiert mich nicht. Auch ich kann nicht sprechen. Auf den ersten Blick sitzen wir nebeneinander. Dolores sitzt ruhig auf dem Stuhl ohne Lehne. Die Infantilität, die Dolores in sich trägt, ihre reine Naivität, die sie vor der völligen Hoffnungslosigkeit bewahrt, verlässt uns nicht. *Weltvertrauen.* Wenn ich wenigstens *Stop! Spiel zu mir ab* rufen würde, aber nicht mal das. Dolores öffnet den Mund und redet von ihrer Familie, von ihrer schönen Kindheit. Als ob sie von der Titelseite der *Elle* geklettert wäre, und nun sitzt sie in der Mietwohnungsküche mit einem Fenster so hoch wie ihre Erwartungen an mich und mustert das einzigartige Dächer-Ensemble. Stattdessen erlebt sie mit, wie in unserer Beziehung die Illusion über jedwede Romantik verschwindet. Romantik: Fehlanzeige.

Ich betrachte ihr Gesicht, es verkrampft sich beim Versuch, meinen Blick festzuhalten. Ich denke nicht mehr über sie nach. So vergehen ein paar Stunden. Dann muss sie aufbrechen – in ihr richtiges Leben, zu dem ich nicht gehöre, außerhalb dieser Küche. Von da aus schickt sie mir SMS-Nachrichten. Ich habe keine Ahnung von ihrer Wirklichkeit und ihren inneren Wanderungen. Ich bleibe sitzen, meinen Blick auf die zwei leeren Plätze am Tisch geheftet. Im Fadenkreuz sehe ich den Stuhl ohne Lehne, auf dem sie bis eben noch saß, und unsere Gesprächsleerstelle. Die Leere schluckt auch die Sachen, für die ich keinen Platz habe. Hier stehen viele Sachen herum. Ich rühre Kaffeepulver ins Wasser, als hätte ich das in keiner anderen Küche je zuvor gemacht, und trage die Tasse zum Fensterbrett. Ich bin die erste Frau in fünfzehn Jahren, seit Milka gestorben ist. Milka ist die Tante, die die Wohnung ihrem Komponisten-Neffen hinterlassen hat. Sie war ein stille Frau. Viele ihrer Sachen sind hier geblieben. Was soll ich mit ihnen anfangen? Weiß nicht. Ich denke, ich werde sie wegschmeißen. Sie haben keinen … Wenn eine Frau stirbt, verlieren ihre Sachen den Gebrauchswert. Sachen, die auf einen Körper eingestellt waren, passen dann nicht mehr zu einem anderen. Ein Bündel Briefe ist auch hiergeblieben, das werde ich nicht wegschmeißen. Vielleicht tippe ich sie ab. Solche Briefe. Einige sind aus Sarajevo, Milka hat sie von ihrem Neffen bekommen. Es gibt Briefe aus den Jahren zweiundneunzig bis fünfundneunzig. Aus der Leere des Zimmers fische ich den Karton voller Briefe. Es ist unanständig, in fremden Briefen zu lesen, doch ich habe ein Thema gefunden und durchaus anständig ist es ja, Antworten auf etwas zu suchen, das wir nicht verstehen, also öffne ich einen vom 17. September zweiundneunzig.

Dolores weiß gar nichts über diesen Krieg, dafür kenne ich mich mit Küchen in Mietwohnungen aus und bin gut im Aussortieren. Ich kenne mich aus mit dem Schmerz, der aus einem ganzen Volk emotionale Invalid*innen gemacht hat. Wir teilen unsere Zimmer mit Schmerzvollen. Wir haben gelernt mit ihnen zusammen zu leben. Manchmal weinen wir zusammen, wie jetzt gerade. Und dann machen wir weiter. Dort, im Weiter, ist die nächste Küche. Ich weiß das, Dolores nicht. Aber die Schmerzvolle, die vor Kurzem eingezogen ist, hat spitze Noppen und zupft Körperhaare, während sie mit dem Arsch den Ball verteidigt – schwierig, sie loszuwerden. Dolores mag meine weißen Baumwollunterhemden nicht, »hetero-männliche« Muskelshirts aus Arilje, sie nennt sie *IchschlagmeineFrau-Unterhemden.* Das mit uns beiden ist wie ne absolute Chance – wir haben das ganze Mittelfeld ausgedribbelt, doch mir rollt der Ball davon. Ich kann mich vor euch rechtfertigen, das war Foul, sie treten mir ans Schienbein, ziehen an meinem Trikot, aber so ist eben Fußball, er ist für die unglaublichsten Überraschungen gut. Was für Fußball wir spielen? Mit viel Rennen, die Schienbeine leiden, und schlussendlich – verlierst du höchstwahrscheinlich. Warum spielen wir es dann? Das frage ich mich die ganze Zeit.

Dolores ist zum Fußball gekommen. August, der Asphalt schmilzt. Mit einem Kopfball greife ich aus der Verteidigung an, Dolores hingegen ist im Sturm. Spätnachmittag, wir sind um die zwanzig auf dem Platz auf der Insel Ada Ciganlija. Oft kommen ein paar Frauen, um uns anzufeuern und Spielerinnen anzuschauen. Von uns hat keine eine festgelegte Position auf dem Feld, der Ball irrt zwischen uns her, jede läuft dahin, wo sie gerade möchte, ändert ihre Position nach Lust und Laune. Die Dunkelheit ist noch fern. Wir fangen unterschiedlich Feuer und sind alle zwischen neunzehn und fünfunddreißig Jahre alt. Schon die zweite Sommersaison, in der wir auf dem Ada-Sportplatz spielen. Wieder ist Ende August. Die Saison neigt sich dem Ende. Der Platz riecht nach Verlassenwerden, aber der Schweiß nach noch ein bisschen, noch ein bisschen, noch ein bisschen spielen. Nur wenige von uns kommen wegen des Fußballs, wir spielen nicht um zu gewinnen. Falsche Schlussfolgerung meinerseits. Was hat uns zum Fußball gebracht? Unser Bedürfnis, die Gemeinschaft zu spüren. Dolores spielt nicht für mein Team. Ich kann sehen, wie jung und kämpferisch sie ist.

Nicht einmal jetzt weiß ich mehr über Dolores. Dieses Plaudern im Dämmerlicht lauer Sommerabende ist nicht wegen Dolores wichtig. Sie ist nur eine von uns. Dolores – das bin ich oder du. Die zweite Stunde ist schon längst angebrochen, wir spielen.

Ich kündige an, dass nun etwas Wichtiges folgt.

Den Platz betritt ein Trupp Frauen, ungefähr zwanzig, sie könnten unsere Mütter sein, bei einigen auch die Großmütter. Wir sind jetzt vierzig auf dem Fußballfeld. Eine von ihnen spricht uns an. Klein und kräftig, entschlossen in Mimik und Worten.

»Wir haben gehört, hier soll irgendein Frauenteam spielen, deswegen sind wir gekommen, wollten euch mal kennenlernen. Ihr seid nämlich die ersten Frauen in fünfzehn Jahren, die wir hier spielen sehn, könnt ihr euch das vorstellen? Wir waren immer weit und breit das einzige Frauenteam.«

Wir zwanzig stehen über den Platz verstreut da, in der Spielunterbrechung festgehalten wie auf einem Foto des *Sportjournals* und starren sie an. Wir antworten nicht.

»Kommt schon, wir haben gehört, dass ihr uns herausgefordert habt, also wählt euer Team und wir spielen ne Runde.«

Wir müssen lachen, das meint der *Frauentrupp* doch wohl nicht ernst, sie sind doch schon ein bisschen in die Jahre gekommen, um noch mit uns zu kicken. Ich beobachte, wie sie sich ausziehen und in ihre Trikots schlüpfen. So angezogen sehen sie aus wie wir in zwanzig oder ein paar mehr Jahren. Sie rennen aufs Spielfeld, in Reih und Glied, jede auf ihren Platz, stellen sich auf, Verteidigung, Mittelfeld, Angriff. Sieben von ihnen. Die anderen ihres *Trupps* sitzen in Fußballmontur auf der Bank. Ein paar von uns, die regelmäßig dabei sind, ziehen sich auf die andere Platzhälfte zurück, um zu diskutieren. Die wollen ernsthaft spielen. Zmajče, Judita und ich sind dafür zu spielen, aber nicht ernsthaft, eher um ihnen einen Gefallen zu tun, aus Respekt eben. Das Getuschel dauert nicht lange und schon gehen sieben von uns aufs Feld. Wir brauchen eine Aufstellung, also verteilt Zmajče uns, eins – drei – eins – zwei. Mare hütet unser Tor, Zmajče, Judita und Martina sind die Defensive, ich dazwischen, vorne Jess und Dolores. Wir haben noch nie mit Schiri gespielt. Eine aus dem *Frauentrupp*, spindeldürr mit kurzem schwarzem Haar, ruft einer anderen Person auf der Bank zu, *los Sneki, pfeif du.* Sneki nimmt die Trillerpfeife und rennt aufs Spielfeld. All das dauert eine Zeit lang. Bisher haben wir immer ohne Trillerpfeife gespielt, wir kennen die Sprache der Pfeife nicht. Es fängt an. Wir haben nicht gerade die beste Aufstellung auf dem Platz, dafür eine starke Reservebank, Rale, Vanja, Lepa, Tamanoar. Wir werden uns nicht einig, welche einwirft, der *Frauentrupp* gibt uns den Ball, wir ihnen, sie uns, wir ihnen. So werfen wir ihn in der Mitte hin und her, sieben oder achtmal. Dieses Vorspiel wird schließlich per Münzwurf beendet. Die kleine *Entschlossene*, die uns zuerst angesprochen hat, wirft die Münze. Ich wähle Kopf. Der Ball gehört uns. Das Spiel beginnt in der Feldmitte, bei mir. Ich spiele zurück an Judita.

Unsere Stürmerinnen greifen Richtung gegnerisches Tor an. Flanke zum Rand des Strafraums. Doch Jess kommt zwischen drei Gegenspielerinnen nicht an den Ball. Er prallt links ans Bein der blonden *Trupp*-Spielerin, die Blondhaarige dreht sich langsam vor, schafft es aber den Ball nach rechts an die Entschlossene abzugeben. Die Entschlossene zieht ihn über die Mitte des Platzes, der Ball rollt jetzt Richtung linke Seite, zur größten Spielerin von ihnen. Die Schwarzhaarige Spindel, die *los Sneki, pfeif du* gerufen hatte, befindet sich allein im Strafraum und wie ein fliegender

Sektkorken wirft sie sich jetzt hinein und versucht, unsere Torfrau unter Kontrolle zu halten. Sehr ungeschickte Intervention von Mare, unsere Torhüterin ist zu spät dran und TOR!

Die Frauen auf der Bank lachen. Unsere Defensive, Zmajče, Judita und Martina, schaut verwirrt drein.

Der Ball wird von der Mitte abgestoßen, ich bin wieder dran. Diesmal laufe ich vorwärts, Auge in Auge mit ihrer Stürmerin, welche wird jetzt wohl mehr Ausdauer haben? Ich sehe zum Ball. Eine aus dem *Trupp* ruft rüber: Spiel endlich ab, du Schnecke! Ich schaue weiter auf den Ball. Los Kleine, mit den Füßen denken, nicht mit dem Kopf! Ich zucke zusammen, sehe Dolores von rechts, arbeite mich noch einen Meter weiter vor, wir schaffen es, den Blick der anderen zu erhaschen, folgen einander und JAA! Ich passe zu Dolores, fast mit Foul. Dolores spielt sofort wieder ab, der Ball erreicht Jess, Rückpass an Dolores, Dolores ist jetzt links, sie überblickt das Spiel, sieht aber nicht, dass ich rechts allein im Strafraum bin, zwei Spielerinnen sind an ihr dran, doch Dolores entscheidet sich zu schießen und – TOR! TOR! TOR!

Nur ein paar Minuten später verlor ich dummerweise den Ball und vermasselte alles. Ich verlor den Mut, als gehorchte ich was-weiß-ich-für-einem geheimen Fluch, der aus entfernten Jahrhunderten zu mir dringt, indem ich bereute, mich gegen mein Schicksal versündigt zu haben, es hatte mir aufgetragen zu verlieren. In diesem Moment fühlte ich mich wie eine Boxerin, die einen Schlag abbekommen hat, kein Knockout, sie steht noch, aber Sterne tanzen vor ihren Augen.

Der *Trupp* greift sofort wieder an, der Ball rollt von der Torwärterin zur Schwarzhaarigen Spindel, Zmajče und Judita jagen auf sie zu, doch die Schwarzhaarige Spindel fliegt, sie sprintet übers Mittelfeld, ist bereits drei Meter vor ihnen. Martina geht jetzt zur Spindel, Judita und Jess laufen links Richtung Entschlossene, schaffen es aber nicht, den Pass zu schneiden, die Entschlossene ballert direkt ab und TOR!

Noch ein Tor fiel, und noch eins, kein einziger Wechsel bei uns trug mehr Früchte. Am Ende war das Ergebnis 20:1 für den *Frauentrupp.*

Es passierte etwas, was keine aus unserem Team im Voraus erkennen konnte: Statt sich aus Angst in den Strafraum zurückzuziehen, stürzte der *Frauentrupp* in die Offensive. In diesem Kampf war der *Frauentrupp* keine gleichberechtigte Rivalin, er war uns haushoch überlegen. Wir hetzten uns ab, völlig aus der Fassung, während der *Trupp* das Spiel genießen konnte. Ein großes intergenerationelles Kicken hatte begonnen. Obwohl sie zu uns sagten, wir seien wie ein träges Schiff, das nicht einen Punkt machen kann, spielten sie trotzdem weiter mit uns, und mit der Zeit wurden wir langsam immer ebenbürtiger.

All das erzähle ich, um nicht darüber nachdenken zu müssen, was bei Dolores passiert ist, wo sie steckt und warum sie sich nicht meldet. Was ist nur bei ihr los? Ich betrachte das einzigartige Dächer-Ensemble, den Sonnenaufgang. Ich denke weiterhin an den Krieg, über den ich nach dem Lesen der Briefe ein bisschen mehr weiß. Ich weiß jetzt mehr als den Fakt, dass meine Eltern einundneunzig nicht wussten, dass ich in die erste Grundschulklasse ging; zu Hause sah ich sie nämlich nicht oft, dort war Tohuwabohu. Daran erinnere ich mich, weil wir jeden Morgen vor dem Badezimmer Schlange stehen mussten. Ich bin immer noch in der Küche, es ist nicht August, es ist Oktober. Die Sonne sinkt und scheint jetzt in die Küche, sie erhellt den Qualm in mir.

*Erste Wintertage, neben den schneebedeckten Bänken sind die einzigen Gäste auf der leeren Promenade ermüdete Rent*nerinnen und ein paar blasse Mädchen. Deshalb ist in jenen Tagen, da sich die Natur in ihr Gewand gehüllt hat und schläft, das Auftauchen einer Gruppe junger, kräftiger und kerngesunder Frauen etwas ungewöhnlich. Das sind unsere besten Fußballspielerinnen. Die morgendliche Stille – im Winter so schwer zu durchbrechen – wird ansonsten nur vom Schnee gestört, der bisweilen krachend von den Zweigen fällt. Im Gleichschritt rennen die dunklen Gestalten, mit leicht gesenkten Köpfen und wiegenden Hüften. Keine sagt ein Wort.*

27. Dezember 1974

Wenn sie heute Nacht überlebt, wird sie niemals sterben«, lauteten die Worte des Arztes beim Verlassen des Krankenzimmers, in dem ein halbtoter Körper lag. Ich war damals zum ersten Mal in einem Krankenhaus. Gerade hatten sie aus ihm per Kaiserschnitt ein totes Kind herausgenommen. Die Entscheidung für einen Kaiserschnitt wurde wegen des zu schmalen Beckens getroffen. Der siebzehnjährige Körper der Entschlossenen liegt in der Klinik, Januar fünfundsiebzig.

Wir spielten das erste Mal um Titel und Pokal, aber ich lag im Krankenhaus, einen Monat lang. Alle Ärzte haben in dieser Nacht geholfen mich zu retten. Einen Monat war ich in der Klinik. Mein Bruder, der im Krankenhaus arbeitete, fiel in Ohnmacht. Kaiserschnitt. Totgeborenes Baby. Ich mochte ihn nicht. Siebzehn Jahre. In diesem Monat trauerte ich manchmal um das Kind, manchmal nicht. Meine Gefühle waren sehr gemischt. Es war ein Mädchen, 55 Zentimeter lang und 4,2 Kilo schwer. Er arbeitete im Straßenbau. War nie zu Hause, immerzu im Gelände. Ich wurde mit ihm verheiratet. Meine Mutter starb mit 33 an Tuberkulose, als ich in die erste Klasse kam, es gab keine Medikamente. Mein Vater starb acht Jahre später bei einem Fahrradunfall. Ich war fünfzehn Jahre alt. Im nächsten Jahr verheirateten mich mein Onkel und meine Tante. Zu diesem Zeitpunkt hatte mich mein Bruder schon eine ganz Weile misshandelt. Es sprach sich herum, dass ich in eine Lehrerin aus dem Ort verliebt bin. Nicht wirklich verliebt, doch ich würde so um sie herumschleichen und mich verhalten, wie es sich für einen Jungen gehöre, aber nicht für ein Mädchen. Ich erzählte meiner anderen Tante, dass mich mein Bruder vergewaltigt habe, und sie sagte, dass sie ihn anzeigen werde, doch das hat sie nie gemacht, später war sie gegen meine Tante und meinen Onkel vor Gericht, weil sie mich zwangsverheiratet hatten. Er aber, der Ehemann, war ein guter Mensch, er hat mich in Ruhe gelassen. Wir sind später Freund*innen geblieben, das ganze Leben lang, bis heute. Ich reichte die Scheidung ein.

Zuerst habe ich seine Schwester und seine Mutter aus dem Krankenhauszimmer geschmissen, ich lag dort einen Monat lang, weil es mir nicht gut ging, psychisch meine ich, nicht nur physisch, wegen dem Schnitt, wegen der Wunde. Die Wunde war hier. In der Brust. Er war 27 Jahre alt, als sie mich mit ihm verheiratet haben. Sie haben vom Gericht eine Erlaubnis beantragt, mich zu sich zu nehmen, und bekamen sie. Mein Onkel hat unterschrieben. Seine Leute waren reich, haben mich sofort eingekleidet und auf ihren Hof mitgenommen. Zur Hochzeit wurden 500 Leute eingeladen. Mit ihnen, mit seinen Eltern, verbrachte ich am meisten Zeit, ihn sah ich überhaupt nicht. Er hat auf Montage gearbeitet, weißt du, kam wirklich selten nach Hause, einen Abend lang hältst du's aus.

Der Oktober ist ein Haufen dreckiger, an den Rändern eingerissener Unterhosen, verstreut auf den Dielen der großen Wohnung, in der die Entschlossene heute lebt. Er baute Straßen und kam selten heim. Irgend so ein Dorf bei Ub. Dort gibt es nichts und niemensch. Und meine Gedanken sind bei der Lehrerin. Er war wirklich ein Guter, ich hatte Glück, wir wurden später Verbündete in dieser Ehe, gegen seine Verwandten. Ich teile ihm mit, dass ich abhauen will zum bescheuerten Bruder, und er kommt mit, haut selbst ab. Auf diese Weise waren wir ein paar Monate zusammen. Ich reichte die Scheidung ein, seine Leute erhoben eine Scheidungsklage, behaupteten, ich hätte die Ehe gebrochen. So stand es im Scheidungsdokument: Ehebrecherin. Im Gerichtssaal erschien ich in Jeansjacke, Jeanshosen und einem Hut, den mir mein Bruder tags zuvor aus Amerika geschickt hatte. Dichtes Gedränge am Eingang zum Gerichtssaal. Ich unterschreibe, was hätte ich schon machen können. Besser Ehebrecherin als Ehe. Zehn Jahre später, in Lazarevac, sahen wir beide uns nach dem Prozess das erste Mal wieder.

Zuerst habe ich in Čačak für den FFC Erster Oktober gespielt, ich spielte klassisches Mittelfeld. Die Manöver-Spielerinnen haben mich fertig gemacht, genauso wie die Stürmerinnen an der Spitze. Ich arbeitete. Irgendwas und immerzu. Ich hab mich gequält. Sie haben mich gequält. Ich hab gequält. Nichts davon wurde bezahlt. Dann schrieb ich mich an der Abendschule ein, das war damals möglich. Ich marschierte durch Wüsten mit hunderten Augen. Durch Wüsten, die sich wie unausweichliche Kontrollen anfühlten. Wie eine Kontrolle, die Abwesenheit ist. Ich gab mir Mühe, den Angreiferinnen direkt in die Augen zu schauen. Auf dem Platz fühlte ich mich am sichersten. Du weißt genau, das bist du. Ich hatte keine Schmerzen an den Fingern, Oberarmen oder Gelenken. In Gedanken rollt der Ball bereits, während sie vor dir stehen. Seit zweiundachtzig spiele ich schon beim FFC Mašinac.

Und dann, huuui, das Spiel in Skopje gegen den FFC Eintracht. Bei denen spielt eine Biljana aus Skopje mit. Abwehrspielerin auf dem Feld, aber Schütze im Sternzeichen. Hat mir auf dem Platz einen Zettel mit Telefonnummer zugeschoben, und ich weiß nicht, wie ich jetzt mit Lolenka umgehen soll, die mich anmacht und zu mir ins Bett kommt in dieser Nacht nach dem Spiel. Ich erinnere mich gut, das Hotel in Skopje, es hieß Adria. Bekam die Telefonnummer der Abwehrspielerin Biljana und schluckte sie runter. Ich hab nie den ersten Schritt gemacht. Und ich kann ziemlich gut schauspielen. Aber dann findet sie mich und eeeeeh daaaaann, ab da geht unser ganzes Geld für Zug und Telefon drauf. Ich hab mich schrecklich verliebt. Ich fahr zu ihr. Sie zieht zu mir, kommt mit in den FFC Mašinac.

Das war Liebe – wir wohnten im Waschraum, oben in Petlovo Brdo, die Leute aus dem Club hatten uns beiden die Gemeinschaftsräume im Dachgeschoss organisiert, später warfen sie mich dort raus. In den Neunzigern wurde mir mehrfach ne Wohnung versprochen, doch jedes Mal wurde nichts daraus, ich bin von Tür zu Tür gezogen – nichts. Aber in die Abendschule ging ich trotzdem, das hab ich nicht aufgegeben. Ich hab den Abschluss gemacht und mich außerordentlich für Jura eingeschrieben, das war über Arbeitserfahrung möglich, und die hat mir eine aus dem Club besorgt, so ein Praktikum, der Präsident hats unterschrieben.

Wohnen also in Petlovo, das Haus hatte sechs Stockwerke, bis zum vierten fuhr der Aufzug. Damals hab ich zum ersten Mal einen Aufzug gesehen. Jeden Tag gehen wir in diesen Fahrstuhl rein und raus, Biljana und ich. Der Fahrstuhl war eng. Gut gebaut und sicher. Die Achtziger waren sichere Jahre. Ach ja, so leben wir also auf dem Trockenboden und fahren jeden Tag Aufzug – und zwar in einem Haus, in dem die Nachba*rinnen geräuschempfindlich sind. Die Augen der Nachba*rinnen sind riesige, ausgetrocknete Becken. Sie beobachten die beiden durch den Spion. Unsere Nachba*rinnen mögen den Lärm des Fahrstuhls nicht, weshalb sie ihn oft absichtlich und bewusst im ersten Stock durch Zuschließen blockieren. Biljana und ich, die dort wohnen, wussten genau, dass wir einfach nach oben in die erste Etage laufen müssen, um dann mit dem Aufzug weiterzufahren, hoch bis zum vierten, und danach die zwei Stockwerke zu Fuß. Die anderen wussten das nicht, aber unsere Leute aus dem FFC Mašinac, die schon.

Aus unserem Waschraum kam keine laute Musik, wir machten *es* nicht so laut, es gab weder krachendes Türen-Eintreten noch lautes Heulen oder Lachen wie aus den anderen Wohnungen. Biljana sagte immer: Oben wohnt die Stille. Die meiste Zeit liegen sie auf dem Boden ohne sich zu berühren, während ihr Atem ganz ruhig ist. Manchmal rollen sie einfach eine zur anderen, stützen den Kopf auf eine Hand und heben den Blick Richtung Fenster. Die Minuten verstreichen und sie schweigen nur. Mazedonisch sprach ich schlecht, aber ich lernte es. Ich dachte darüber nach, dass ich bald überhaupt nicht mehr in der Lage sein würde zu sprechen. Auf dem Trockenboden gab es überhaupt keine lauten Geräusche. Wenn sie nicht da war, lag ich manchmal nur auf dem Boden und stellte mir vor, wie sie auf mich zurollt und den Blick aufs Fenster richtet, auf Belgrad. Manchmal denke ich nur an ihre klaren Augen, in denen sich mein zerzaustes Haar spiegelt.

Wir tauchen in den Schrank voll fremder Wäsche ein, um vielleicht ein Wort zu finden für: das, was wir sind. Ich war imstande Lügen aufzutischen, gab mir gar keine Mühe, sie zu verbergen. So, dass es ihnen unangenehm war. So wie ihre Wahrheit für uns unangenehm war. Wir schneiderten. Imitierten Lächeln, übten Flanken und Sprechen. Sie schoss wunderbare Flanken. Sie verstand eher mich, als ich sie, muss ich dir sagen, Mazedonisch habe ich erst mit ihr, so ein bisschen, naja. Sie verarzteten ihre vom Schießen wunden Füße. Pressten Liebe aus. Tropfen für Tropfen. Weißt du, was ich meine, du dringst in ihre Gedanken vor bis zur Brust, wo du aufhören musst, du atmest so tief ein wie du kannst, in der schwülen Hitze zwischen den Wänden. Du lässt den Kopf in die Pfütze aus Alltag sinken. Die ist angenehm kühl, wie dieser Regen.

»Siehst du, wie es draußen regnet?«

»Ja.«

Als sie ging, dachte ich, ich würde sterben. Und dann, Psychiatrie, weggesperrt, ich weinte und weinte, schlief ein, weine, weine und schlafe ein, und dann weine ich wieder, und schlafe wieder ein. Und so immer weiter. Ich habe sie ausgeschmerzt. Vier Monate im Bett. Gehalten haben mich meine Leute aus dem Team. Sechs Jahre eeeeeh, und nix, sie verschwindet im Äther. Als wären wir nie gewesen. Und dann von vorne. Du arbeitest irgendwas. Quälst dich. Sie quälen dich. Du quälst. Ich dachte, ich würde es niemals schwer nehmen, wenn sie mir sagen, dass ich nicht mehr gut im Kicken bin. Ich wartete auf sie, darauf, dass sie zurückkommt. Ich schrieb ihr Briefe. Nichts, keine einzige Antwort kam je an. Ich lebte für den Moment, in dem ich sie wiedersehen würde. Aber dazu ist es nie gekommen. Dann kamen neue Trainingslager. Ich legte die Juraprüfungen ab und verlegte mich auf Ausgleichssport, aufs Torhüten, wie im Tor, so auch im Leben.

»Wenn sie heute Nacht überlebt, wird sie niemals sterben«, sagte der Arzt in der Klinik in Aranđelovac am 27. Dezember vierundsiebzig. Die Vorbereitungen für den ersten Cup der Frauenfußballliga in Jugoslawien begannen. Die Entschlossene arbeitete als Anwältin. Sie hat sich von sich aus gemeldet, sie wolle mich verteidigen, mich vertreten. Auf sie ist Verlass. Wir sitzen in ihrer großen Wohnung und sie erzählt mir all das. Sie wäscht die Džezva aus, füllt Wasser hinein und stellt sie auf den Herd, um das Wasser aufkochen zu lassen. Sie starrt ins Waschbecken.

»Und macht einen lässigen Schlenzer«, sagt sie einfach so zu mir.

Den rot-weißen Dress vom heutigen Training legt sie in die Waschschüssel. Sie denkt an Brennnesselbrot und Marmelade. Sie sammelt Gläser und Teller ein, macht den Abwasch. Sie kippt ein Fläschchen Traubenschnaps hinunter, dann Wasser hinterher, das halbe Glas in einem Zug. Sie wäscht ihr Trikot und legt es zu den anderen, ähnlichen Trikots, in denen sie einmal gespielt hat. All das zeigt sie mir. Sie öffnet den Schrank. Sucht ihn ab. Sie ist nackt – ohne Unterhose sitzt sie nicht gern auf dem Stuhl. Dann steht sie zehn Minuten gebeugt vor dem Schrank, wie ein offenes Fläschchen Schnaps. Sie leert den Schrank. Leert den Schnaps. Schluckt die Hälfte runter. Beantwortet mir einen Haufen Fragen.

»Mach dir keine Sorgen, es wird alles gut.«

»Wie soll denn alles gut werden, sie finden sie bestimmt nicht.«

»Sie haben doch das Video, ich weiß, dass sie es haben. Ein Pack ist das. Ich muss überprüfen, welche Staatsanwältin zuständig war, mühsam ist das, sag ich dir.«

»Die Staatsanwält*innenschaft hat doch damit nichts zu tun.«

»Doch, hat sie, es wurde ein neues Gesetz verabschiedet, demnach wird jetzt die Polizei überhaupt nicht mehr gefragt, die Staatsanwältin leitet die Ermittlungen. Die Staatsanwältin redet sich mit der Polizei heraus, die schiebt es wiederum auf die Staatsanwältin, und da versuch mal noch, ins Tor zu flanken.«

»Also ich weiß nicht, ich hab wirklich keine Ahnung davon.«

»Und deine ›Freundin‹, was ist eigentlich mit der, wann kommt sie, die ist wichtig für uns, sie muss deine Aussage bestätigen.«

»Weiß nicht, hab nichts von ihr gehört, ich weiß nicht, was mit ihr los ist.«

Die Mauer ist das, was wir aufstellen, wenn jemensch einen Freistoß schießt. Auf unser Tor. In der Mauer gibt es eine Spielerin, die wir Anker nennen. Judita ist der Anker. Sie ist die Flinkeste von uns, sie sagt an, welche wo hin soll, wie jede stehen und was sie machen soll. Sie stellt sich selbst am weitesten vorne auf und beschützt uns und die Torpfosten mit ihrem Rücken. Sie hält nicht die Hände vor der Brust. Neben ihr befinden sich noch zwei, die frontal zur Spielerin, die sich auf den Schuss vorbereitet, stehen; ihre Arme sind so verschränkt, dass auch der härteste Ball sie nicht auseinanderbringen kann. Die anderen drei stehen mit dem Rücken zu ihnen. Das ist die Freistoßmauer. Das Herz der Verteidigung.

Judita gehört zu denen, die nicht reden. Wir laufen die ulica Makenzijeva hinunter, an deren Ende sich die erste Polizeikette befindet. Auf der rechten Seite der Slavija ist ein Parkplatz voller junger Männer, die ihre Körper geparkt haben und warten. Wir gehen vorbei und bemühen uns, so wenig wie möglich in ihre Richtung zu blicken. Helikopter. Der Lärm auf der Straße übertönt den Lärm in mir drin. Meine Mutter fällt mir ein, musst ausgerechnet du dahin. Ja, ich muss. Wir sind im Wald, wir sind in der Stadt. Unsicher, wo wir uns befinden. Erst seit fünfzehn Minuten fahren sie uns. Weniger sogar. Aus dem gepanzerten Wagen können wir nichts sehen. Wir hören nur den Lärm. Geschlossener Raum, wie ein Fahrstuhl, wie eine WC-Kabine. Sie könnten uns jetzt überall hinbringen. Keine von uns sagt ein Wort. Wir sehen uns zum ersten Mal. Sie fahren uns weg. Wir sind Geflügel im Käfig. Sie wurden gruppenweise verhört und viele von ihnen an diesem einen Tag mitgenommen. Später kickten wir zusammen. Judita ist eine extreme Verteidigungsspielerin. In diesen Bussen, sagte sie mir, schauen sie mich komisch an, weißt du, die wissen, wo ich hinfahre. Das wissen sie nicht, antwortete ich ihr. Auch Judita hat vor fünf Jahren Anzeige erstattet. Der Kerl bekam zwei Jahre auf Bewährung. Zu dieser Zeit war das eine große Tat. Anzeigen. Es gab kein Gesetz, gar nichts. Auch jetzt ist es eine große Tat. Sechs Monate Krankenbett, weil sie die Freundin eines Typen angeschaut hat.

Judita arbeitet in einer Bäckerei in Karaburma, wir trafen uns an der Drehscheibe der Sechzehn. Und tranken Bier zusammen. Judita hörte irgendwann mit dem Bier auf und ging zu Schweppes über, zu Tonic.

Auf der Ada, ein Sommerabend. Alle sind nach Hause abgehauen, Judita sagt, *alle sind zu ihren Frauen heim, menno, sobald sich die Pärchen gefunden haben, kommen sie nicht mehr zum Fußball.*

»Als ich klein war, habe ich den Jungs zugesehen, die in meiner Straße spielten, ich war das einzige Mädchen, ungefähr sieben Jahre alt, sie spielten und wollten mich nicht mitspielen lassen, teilten mich immer nur als Schiri ein ... so ne Art Schiri halt. Als ich dann etwas älter war, stand ich im Tor. Ich wollte Fußball oder Volleyball trainieren, aber es gab im Dorf kein Fußball für Mädchen. Meine Freundinnen nahmen mich mit ins Stadion, um ihren Freunden und Schwärmen beim Spielen zuzusehen, aber ich mag es überhaupt nicht, Sport anzuschauen, keine einzige Sportart, das war das Allerschlimmste für mich, den Typ des Mädchens, in das ich verliebt war, spielen zu sehen, damals hab ich mir geschworen, dass ich einen Weg finden würde, selbst auch zu spielen ... Das ist hier so Tradition, wenn es ein Turnier im Hallenfußball gibt, gehen die Freundinnen hin, um ihren Freunden zuzusehen, und ich gehe mit, wegen ihnen.«

Judita hat mir mal das Leben gerettet. Ich hatte kein Geld. Sie aber auch nicht. Judita lebt mit drei Katzen, zwei Hunden und einer Frau zusammen. Im Winter haben sie kein Geld für Strom, also schließen sie den Holzofen an. Ein schmaler Ofen, die Holzscheite passen nur schwer hinein. Schornsteinfeger, Ofenrohr, Kohleanzünder, alles vereist, weit ab vom Zentrum. Ich schreibe einen Essay über Queer Theory. Sie wohnen im zweiten Stock eines Hauses ohne Fahrstuhl, mit zwei Holztüren, von denen sich nur die erste, die Eingangstür verschließen lässt. Sie wohnen im zweiten Stock in einer Wohnung mit Blechofen, den ich nicht beschreiben werde, weil jeder Beschreibungsversuch im Vorhinein zum Scheitern verurteilt ist. Schlank, länglich, pfostenförmig, und braun wie der von der Marke Smederevac … Nur dass es kein Smederevac ist, also habe ich es wohl doch versucht. Er steht bei ihnen auf schwarz-weiß gefliestem Boden, Kacheln aus den Siebzigern, die in Rhomben verlegt sind. Kleine, matte schwarz-weiße Würfel, die heute einen kommerziellen Wert haben, zum Beispiel in den Niederlanden, Schweden oder Dänemark. Sogar dort. Und sogar hier. Sie wohnen in drei Zimmern, von denen eines mit schwarz-weißen Fliesen ausgelegt ist, die übrigen Zimmer schließen sie mit einem Strick ab, der lang genug ist, um damit alle Türklinken in ihrem Flur zusammenzubinden, denn die Schlüssel haben sie nie gefunden. Ein Mythos besagt, sieben Schlüssel könnten alle Zimmerschlösser öffnen. Das ist einer dieser kommerziellen Mythen, für deren Reality Check sie kein Geld haben. Sie und ihre Hunde atmen laut. Gern betonen sie, das sei genetisch und komme nicht von zu viel Zigaretten und zu viel Schnee. Judita hat eine Schramme, eine wunde Stelle in der Mundecke, die verheilen würde, wenn sie nicht dauernd mit der Zunge dranstoßen würde. Sie wohnen im zweiten Stock eines Hauses ohne Fahrstuhl mit zwei Holztüren und Souterrain, dort lagern sie Holz und schließen es mit dem Schlüssel der Nachbarin vom ersten Stock ein, die liebt Hunde und ist eine tolle Person, pensionierte Chemielehrerin. Die Nachbarin lebt allein. Unsere Nachbarin riecht nach Schweigen, sagt Judita. Viele Geliebte – die anderen Nachba*rinnen pflegten »ihre Gefickten« zu sagen, wann immer sie die Gelegenheit bekamen, die Polizei zu rufen, wegen zu lauter Musik, zu lautem Sex, zu lautem Türenschlagen, zu lautem Schluchzen oder Lachen, oder wegen der zu lauten Tränen, die längst aufgehört haben, in ihren Augen zu glänzen, ihre Augen sind jetzt trocken. Judita hat noch nie so was Trockenes gesehen. Getrocknete Wäsche, ihr Mund, ihr Hals, ihre Finger, diese schnellen Läuf*erinnen-Beine, Wiesel, verwüstet. Wüste in ihrem Blick. Eine Wüste wie die unausweichliche Kontrolle. Kontrolle, die Abwesenheit ist. Frische. Sie gibt ihnen Holz. Das Holz ist kein Holz, es sind Überreste vom Leben. Fensterrahmen aus Holz. Ein halbes Stuhlbein. Der Griff eines Hammers. Ein Besenstiel. Latten von einem Bettchen. Und anderer Kindheitskram mit Kummer in den Ästen, ja bis hinein in die dünnen Verästelungen. Beim Saubermachen des Ofens zieht sie einen Nagel nach dem anderen aus der Asche. Sie wohnen im zweiten Stock eines Hauses ohne Fahrstuhl mit zwei Holztüren, von denen sich die erste, die Eingangstür aufschließen lässt, mit drei Katzen, zwei Hunden und einem Sack voller Nägel, die nicht brennen, im Unterschied zu allem anderen, das ihnen zur Verfügung steht, boshafte Worte oder Emotionen zum Beispiel. Sie essen den Wintervorrat und Fischstäbchen, die sie im Laden um die Ecke kaufen, ein Überbleibsel aus den Neunzigern, in dem alle Produkte zehn Tage vor dem Haltbarkeitsdatum sind. Ich mag diese Stellen im Text am liebsten, wenn ich einfach drauflos quasseln kann. Doch jetzt habe ich keine Zeit, ich muss schneller schreiben.

Judita macht unter der Woche Schichtdienst in der Bäckerei und am Wochenende arbeitet sie im Gay Club. Ich schreibe einen Essay und habe keinen Cent. Beim Tonic auf der Ada bietet sie mir ein Treffen mit dem Besitzer des Clubs an, ich könne am Wochenende kellnern, sie sagt, das ist nicht schlecht, du kannst viertausend Dinar in zwei Tagen verdienen, manchmal auch mehr, aber im Schnitt ist es das. Ich arbeitete dort an den Wochenenden, doch unter der Woche wurde nichts aus meinem Essay, weil ich mich von dem Kellnern nicht erholen konnte. Ich war keine Abwehrspielerin wie Judita. Juditas Lieblingsspiel ist Bunker. Sie fährt hundert Haltestellen mit den Öffentlichen ab, jede Haltestelle trägt den Namen einer anderen großen Fabrik, die schon lange nicht mehr existiert, die Haltestellen heißen trotzdem weiter nach ihnen. Für eine fremde Person wäre es vollkommen unmöglich sich zurechtzufinden, auch Judita findet sich kaum zurecht. Wir sind auch Fremde in dieser Stadt. Die Haltestellen tragen die Namen von Ziegeleien, Chemischen Industrieanlagen und Ölbohrstationen mit dem Präfix *Jugo*. Bis zum Ende des Romans werde ich vielleicht noch eine Verteidigungsspielerin wie Judita. Ich lebe in einer WG mit zwei Typen, mache Lektoratsaufträge, wenn ich welche habe. Wir haben kein Fenster im Bad. In Vračar, im Zentrum Belgrads. Es gibt keine Heizung, ich schlafe in Stiefeln. Wir drei schaffen es nicht, Wärme in die Wohnung zu bringen, der Besitzer will sie verkaufen, bitte machen Sie das nicht, nicht jetzt im Winter. Jetzt haben sie einen guten Preis.

Die Welt ist voller Darkrooms. Der Sonntagvormittag sieht virtuell aus. Wenn du von der dritten Schicht nach Hause kommst, fühlst du dich extrem erwachsen, meint Judita. Die Welt ist alt. Erwachsensein heißt, in einem Club, den du selten besuchst, den

Darkroom erkennen zu können. Die Zeit, in der ich im Dunkel der Diskothek mit offenen Augen tanzte, hängt im Flur, verschmolzen mit dem Kleiderbügel. Manchmal folgt sie mir mit dem Blick, erwartet mich aber nicht mehr. Das ist die Zeit der Spaziergänge, als das Gehen noch nicht mit Tanzen upgedatet wurde. Ich lief unendlich weit zu mythischen Partys, wobei ich nie wusste, ob ich eingeladen bin oder nicht. Die Spaziergänge brachten mich immer wieder auch zu Clubs wie diesem. Nur dass ich den schwarzen Vorhang nie sehen konnte. Ich bemerkte ihn einfach nicht. Im Dunkeln ist es schwieriger mit offenen Augen zu sehen, auch das kommt von Judita. Ich bin vollkommen da, ich kratze mit meiner Hand oder mit dem Fuß am schwarzen Stoff, hake meine Finger hinein oder verheddere mich darin, aber ich sehe ihn nicht. Ich musste erst Teil des Personals werden, um die andere Welt wahrzunehmen, die überhaupt nicht klein war, sie nahm einen guten Teil des Clubs ein. Um den Darkroom zu erkennen, muss mensch entweder mit geschlossenen Augen tanzen oder die Barseite wechseln. Muss auf der Seite der Bar stehen, wo die Perspektiven wie Sterne fallen. Ohne diese Veränderung hätte ich noch Jahre kommen können und hätte doch nie den schwarzen Vorhang gesehen, hinter dem der Eingang ist. Es gibt auch die Zeit des Wartens darauf, dass der Tropfen der Entschlossenheit das Fass zum Überlaufen bringt. Manchmal bekommt mensch auch Getränke an den Tisch geschickt, als Ansporn. Dann bist du drin. Dort ist eine Frau von leisem Schauder ergriffen, ein ähnlicher Schauder ergreift sie, wenn sie eine andere Frau beobachtet, die nicht mit Stöckelschuhen laufen kann. Tanzen auf Stöckeln ist hochriskant, das weiß jede*r. Ich stoße mit dem Knie an zwei Feldbetten aus Metall, die eine Nebelwand für alles bilden, was hinter dem schwarzen Vorhang passiert. Im Dunkeln orientiere ich mich mit den Händen. Ich ertaste den Raum wie einen Pulsschlag. Der Appetit meiner Finger steigt sprunghaft. Ich bin zehn, höchstens fünfzehn Minuten drinnen. Meine Haut ist rot und klebrig. Mit geöffneten Augen gehe ich hinaus. Die Welt altert mit dem Darkroom. Zum Glück sieht mich keine*r. Keine*r schaut mich an. Um mich herum tanzen alle mit geschlossenen Augen. Ich kann jetzt nicht nicht schauen. In einem Messingstückchen erblicke ich mich selbst, *open face* heißt nicht automatisch auch *open mind.*

Im Morgengrauen komme ich zurück in die Wohnung, doch Morgengrauen sind ungreifbar. Mit dem Darkroom in meinem Körper altere ich. Im Flur demonstriere ich Hygiene vor dem Schlafengehen. Ich drücke einen Erinnerungsklumpen auf die Zahnbürste. Von der Größe einer Erbse. Ich verreibe ihn. Weg ist er. Der neue Tag ist real und greifbar.

Ich putze dort nur den Darkroom. Judita steht hinter der Bar. Zwei Monaten lang arbeite ich mich zur oberen Etage hoch. Dort ist es ruhiger, nur Bier an Frauen. Ich konnte nicht mehr. Judita hat zwei Jahre durchgehalten, das spricht jetzt Judita. Sie konnte einfach nicht mehr diese Nägel herausziehen, um sechs aufstehen und nur jede zweite Woche einen Tag frei haben, wenn sie nicht noch eine Kollegin in der Bäckerei vertreten musste. Außerdem haben sie Schluss gemacht. Wir hatten keinen Sex, sagt Judita. Immer seltener hat sie Lust, aus dem Haus zu gehen, auf Sex, Lachen, Leben, all diese vorgegebenen Standards, hart erarbeitet, für die du eigentlich keine Nägel aus der Asche ziehen solltest. Erst konnte ich abends nicht, dann nicht mal mehr morgens. Für die Frau, mit der sie zusammenlebt, ist das sehr wichtig, ein Zeitplan und all das, für Judita nicht. Sie ist weggegangen, es tat mir nicht weh. Ich wollte ihr sagen, dass ich mich gern küssen lasse, bevor ich gefickt werde, wie im Film *Blood diamond*, da sagt Leonardo DiCaprio das zur Kriegsjournalistin, die gefährliche Aufgaben liebt. Judita liebt so was nicht, aber sie ist hier. Judita redet langsam und hat einen ungarischen Pass. Judita braucht ein Glas Bier und eine Freundin, die ihr zuhört, falls sie es am Ende des Tages überhaupt schafft, mit dem Reden anzufangen – über die Hierarchie in der Bäckerei und wie sie ihr immer für alles die Schuld geben, wie immer sie die dritte und dann nach der dritten wieder die erste arbeiten muss. So ging das zwei Jahre lang. Als sie am letzten Tag ihr Arbeitsbuch zurückbekam, war dort nicht ein einziges Rentenjahr eingetragen. Sie hatte nur den Mindestlohn bekommen und entgegen der Vereinbarung war für sie nichts in die Rentenkasse eingezahlt worden.

Im Zug setzt sich eine Frau neben mich, ganz in Weiß, sie ist ungefähr siebzig Jahre alt. Auf dem Weg nach Novi Sad. Sie bietet mir Lakritzbonbons an. Ich nehme eins. Sie schüttet ʒinı in den Hagebuttentee, den sie bei dem Mädchen gekauft hat, das im Zug hin- und herläuft und Kaffee, Saft und Tee anbietet. Die Frau in Weiß fragt, ob sie einfach nur heißes Wasser bekommen könne, gibt es nicht, wir haben kein heißes Wasser im Angebot. Dann Tee, Hagebuttentee. Sie bietet mir einen Plasma-Keks mit Erdnussgeschmack an, nein danke, ich mag wirklich nicht, mir ist schlecht geworden.

»Wissen Sie, ich war nie in Russland. Eigentlich sollte ich ’68 fahren, alles war schon vorbereitet, und dann machen unsere Studenten das, was sie gemacht haben, die Russen versperren uns die Tür, ich fahre nicht. Aber mein Mann war dort, wissen Sie, und er sagte zu mir: Das ist doch so, als wärst du auch dagewesen.«

Die Entschlossene war nie in Russland. Komm, wir rufen die Entschlossene an. Wir protestieren vor der Bäckerei und lassen die einsperren, sage ich ihr. Judita erwidert nichts, sitzt mit aufgestütztem Kopf da und nippt an ihrem Tonic. Sie hat mit dem Rauchen angefangen. Sie schweigt einfach nur und ich denke mir, ich werde keine fertigen Lösungen mehr anbieten. Ich hatte schon fast vergessen, wie es ist, in der anderen Person anwesend zu sein, und zwar dies wirklich zu erleben, ohne Absicht, ohne stilistischen Vorsatz. Ich stellte mir den Moment vor, wenn wir ins Weiß eintreten. Endlich ein Gespräch ohne überflüssige Worte führen. Versuchen, das auszusprechen, von dem du dachtest, es sei unaussprechlich in dir. Endlich suchen nach den längst zerbrochenen Versen, nach den personalisierten feinen Falten auf den Fingerkuppen. Und sie nur als Assoziation zu behalten, als Vorgeschmack auf etwas Kommendes. Die Karte ausbreiten. Nach einem Jahrhundert der Manipulation erneut einen Windhauch auf den Wangenknochen spüren. Die offene Hand klebt am rechten Schulterblatt, Wimperntusche auf der linken Schulter. Etwas ist nicht in Ordnung, das ist uns beiden – wir kennen uns nicht und reagieren unterschiedlich – jetzt klar geworden. Wir sind in der Stadt, wir sind im Wald. Ich drücke die pinke Trillerpfeife in meiner Hand zusammen und stecke sie in die Jackeninnentasche. Wir erkennen das Hotel Srbija, frisch renoviert. Wir setzen uns rein und essen Kuchen bis der Stress vorbei ist, dann werden wir zu Cvetka gehen, Nummern austauschen und uns verabschieden.

Am nächsten Tag schrieb sie mir eine SMS:

Wir könnten jetzt einen kiffen, darauf hätte ich Lust. Wohin nach dieser Nacht, du und ich, und alle uns nahen Menschen, die die Nähe verloren haben?

Wir verfehlten den Eingang. Gerade eben fiel der Zucker der Entschlossenen. Sie nimmt aus der Tasche ein Tütchen Zucker mit der Werbeaufschrift Kenjac und schüttet es in ihren Mund. Uns werden die Pässe abgenommen. Ohne Ausweis kann ich nicht mal aufs Klo gehen. Der Fahrstuhl ist links, funktioniert aber nicht richtig. Gehen Sie in den fünften Stock, dann links den Flur entlang, Zimmer 516. Aufnahme. Sie haben irgendeine Aufnahme. Wir beschließen, auf den Fahrstuhl zu warten. Zwei Männer sind mit uns im Aufzug. Einer von ihnen spricht über Alimente. Ich atme tief ein. Mich beruhigt die Anwesenheit der Entschlossenen, obwohl ihre Bewegungen und ihre Art zu sprechen den Eindruck einer recht nervösen Person machen. Ich habe Angst vor Fahrstühlen. Verrauchtes Stimmengewirr im Café, ich gehe zur Toilette, mein Telefon liegt auf dem Tisch. Die WC-Kabine ist zu allen Seiten geschlossen. Ich achte immer darauf, wie geschlossen oder offen Toilettenkabinen sind. Der Fahrstuhl erinnert mich an eine geschlossene Kabine. Ich kann die Tür nicht öffnen. Sie klemmt. Überall in der Stadt sind neue, gentrifizierte Cafés aus dem Boden geschossen, doch meistens funktioniert das Toilettenschloss nicht. Mein Atem geht schneller. Ich klopfe und schreie so laut ich kann, trete mit dem Fuß ans Schloss, mein Schuss ist stark, aber die Tür leider real. Niemensch hört mich. Die Musik ist auch im WC wirkungsvoll, keine Chance sie zu übertönen, so viel Stimme ist nicht in mir drin, in niemensch. In einer solchen Situation ohne dein Telefon zu sein, kann dich fertig machen, aber auch andersherum. Gepanzertes Fahrzeug. Helikopter. Der Lärm im Café übertönt den Lärm in mir drin. Mir fällt meine Mutter ein. Musst ausgerechnet du. Ja, ich muss. Ich schaue auf die Fahrstuhltür. Gleich ist es vorbei.

Die nächsten zehn Minuten registriere ich Sequenz für Sequenz. Ich überspringe die Sekunden. Renne noch ein wenig übers Mittelfeld. Ich weiß genau, was gleich passieren wird. Die Kommissa*rinnen werden überhaupt keine Aufnahme haben und von gar nichts wissen. Hauptsache ich fange nicht an zu zittern. Sonst machen sie mich in ihrem Denken noch zu einer Ver_rückten. Komischerweise ist mir wichtig, was sie über mich denken. Ich bin fettig. Fettiges Gesicht, fettige Finger. So was können sie einfach nicht denken, in so einer Situation zu zittern, ist doch völlig angemessen, das und noch Schlimmeres sehen sie doch ständig. Schweigend schreiten wir in der Mitte des breiten Flurs im fünften Stock, durch das raue Bild eines Realisten. Die Entschlossene und ich sind auf das Bild geklebt, mittels Collagetechnik. Dolores meldet sich noch immer nicht. Sie hat gesagt, sie werde in Bosnien nicht erreichbar sein, drei Tage. Vielleicht schaut sie die Nachrichten ja trotzdem an. Es kann unmöglich sein, dass sie gar nicht nachschaut. Wir sind doch trotz allem zusammen, auch in dieser Sache hier.

In Zimmer 516 gibt es zu viel Licht und zu viele Leute. Rechts sitzt eine Gestalt, sie trägt einen Ehering, könnte älter als ich sein. Aber nur ein bisschen, der Altersunterschied ist gewiss nicht groß.

Gerade vor mir sitzt eine Frau, jung, mein Alter wiederum, versunken in den Laptop vor sich. Es ist der einzige Laptop im Raum, alle anderen Computer sind Schrottkisten. Links sitzen zwei Männer, die bei dem, was dann folgt, kein Wort sagen, und nicken uns zu. Mein Blick folgt ihrem Nicken. Es ist unangenehm, in ein Zimmer zu kommen, in dem unbekannte Menschen ohne herzlichen Gesichtsausdruck sitzen und zur Begrüßung nicht aufstehen. Setzen Sie sich. Da kommt sie also, die Erlaubnis. Ist es so gewesen. Die Befragung dauert eine Stunde und fünfzehn Minuten. So ist es gewesen. Wären Sie in der Lage, sie zu identifizieren? Schwierig. Ich weiß es nicht. Vielleicht eine mei… Wie viele waren Sie? Wir waren zu … Jetzt kapiere ich. Wir waren zu dritt gestern Abend, aber in ihren Unterlagen steht, wir waren zu zweit, sie haben unsere Personalien aufgenommen, aber die dritte hatte ihren Perso nicht dabei. Keinen Ausweis dabei zu haben, kann dich manchmal retten. Die dritte existiert jetzt nur noch in meinem … und in Dolores Kopf. Wir waren zu zweit, sage ich. Also Dolores und ich, sie ist aber in Bosnien und meldet sich nicht. Wenn keine aussagt … Genau so ist es also gewesen, ja? Bosnien hatte sie schon länger geplant und sich ein Wochenende frei genommen. Sie hätte auch noch früher abreisen können und den Roman gäbe es gar nicht. Ja. Das ist alles, an das ich mich erinnern kann, sage ich zum Schluss. Wenn wir eine Kameraaufnahme der Straße hätten, könnten Sie sie dann identifizieren? Ich glaube nicht. Und Sie? Was hatten Sie dort zu suchen? Warum sind Sie dort als Besucher gewesen? Ich sage nichts. Die Entschlossene reagiert. Besucherin, sage ich. Der Kommissar korrigiert, B e s u c h e r i n . Wir haben nichts gemacht, sie drängen mich in die Verteidigung, obwohl es normal wäre, dass ich angreife, aber ich sage es trotzdem: Wir haben nichts gemacht.

Extreme Anspannung erfüllt das Zimmer 516. Ich atme tiefer ein. Ungeschickter Versuch von mir, artig zu sein, ich durchbreche den formellen Anstand. Den Quatsch hier. Wahrscheinlich war das nicht der beste Satz, den ich hätte sagen können. Es standen auch unausgesprochene Sätze wie etwa *Hej, spiel zu mir ab* zur Verfügung. Warum kann ich nicht dann sprechen, wenn sie mich hören können? Wirst die Polizei ja wohl nicht anlügen, ich kann sie nicht wiedererkennen. Sie reichen mir einen ganzen Ordner mit Fotos, über hundert Bilder. Ich finde, sie sehen alle gleich aus. Dolores meldet sich immer noch nicht. Ich frage den Kommissar noch einmal nach ihr. »Sie sagte, dass sie der Aufforderung nachkommen wird, sobald sie wieder in Belgrad ist. Sie ist gerade verreist.« Ich sagte nichts weiter dazu. Ich schwitze. Mein Hals ist trocken. Das Büro ist wie eine Fahrstuhlkabine: stickig, nach Müll stinkend, abstoßend. Der einzige Laptop im Raum schmilzt in der Sonne, die Schatten auf dem Bildschirm verdunsten. Mensch sagt, das sei gut für einen Roman. Die Entschlossene fragt, ob wir das Protokoll bekommen könnten. Gar kein Problem, sagen sie, als wäre es tatsächlich kein Problem. Der Kommissar wiederholt seine Frage: Wenn wir eine Kameraaufnahme der Straße hätten, könnten Sie sie identifizieren? Auf die Frage des Beamten antworte ich nicht direkt. Warum nach Bosnien?

Das erste Mal nach Bosnien fuhr Dolores mit mir. Während wir durch das Romanija-Gebirge fuhren, dachte sie, das sei die Schweiz. Dolores war auf einen Roadtrip durch Italien mitgenommen worden, weiter, immer weiter weg vom eigenen Hof, der eigenen Umgebung. Doch ich denke, dass mensch nur dort wachsen kann. Dolores plant Amsterdams, Roms, Parise, Veronas, all diese Museumsstädte. Ich fahre lieber nach Bosnien, Kosovo, Mazedonien, Albanien. Wir hielten an der Tankstelle in Han Pijesak, ich fragte sie:

»Warum hast du so weit eingeschlagen?«

»Ich habe gar nicht so weit eingeschlagen, nur zu spät.«

Dieses Mal hat Dolores zu weit eingeschlagen, obwohl sie das nie zugeben würde, sonst kann sie eigentlich perfekt einparken, besser als ich. Bevor ich sie kennengelernt hatte, dachte ich, in uneinsichtigen Parklücken sei ich die Orientierungsheldin schlechthin. Der Beamte haut in die Tastatur wie auf eine Schreibmaschine. Einparken. Wir begannen mit dem Umparken des Autos und endeten in einem halb illegalen Fischrestaurant. Ich hatte noch meinen Schlafanzug an. Im illegalen Restaurant fütterten wir einen Hund mit Mandarinen, während es plötzlich wie aus Eimern goss. Die Kaution, es ist schon fünf. Kartons. Ich muss die Kartons rübertragen.

Die Entschlossene und ich verlassen das Gebäude, auf der Straße ist es hell, 14. Oktober. Sie schlägt vor, ins Café zu gehen und die Dokumente durchzusehen, es sind nur polizeiliche Vernehmungsprotokolle. Die Entschlossene raucht eine nach der anderen, und ich ebenfalls, obwohl ich sonst gar nicht rauche. Vielleicht fange ich bis zum Ende des Romans noch damit an. Kleines Café, blonde Kellnerin, sie ist zu uns auf die gleiche Weise freundlich wie zu den beiden Busfahrern, die uns schräg gegenüber sitzen, Bier trinken und Best rauchen. Die Entschlossene erkundigt sich nach den Fußballterminen. Die nächsten Spiele sind Donnerstag und Samstag. Unsere Strategie ist nun Stillhalten. Du darfst jetzt kein einziges Zeitungsinterview geben, das ist mir klar, wir sind beide Fußballerinnen, wir müssen lachen, endlich. Dolores findet, wir würden nicht genug lachen. Doch Lachen wird überschätzt, lacht, lacht, lacht. Wie sollst du bitte lachen, wenn dir dein Tor vermasselt wird, einmal, zweimal, du existierst nicht. Das Lachen wurde uns aufgedrückt, als eine Art Skala für das Glück. Welche Skala denn? Wir sind uns da nicht einig.

Lach doch mal. Lach. Lachen im Gesicht der Torfrau, während auf sie geschossen wird, ich kann das nicht. Dolores schon, sie kann rohes Fleisch schneiden und dabei lachen. Ich liebe und hasse sie zugleich, weil sie so ist. Freundlich waren sie, nein, sie waren unfreundlich, analysieren die Entschlossene und ich, als wäre das wichtig, Hauptsache sie erledigen ihre Arbeit.

»Wenn diese Woche nichts mehr passiert, sind die Chancen gering.«

»Glaubst du, sie finden sie?«

»Das weiß kein Mensch. Aber falls sie sie finden, kannst du sie denn identifizieren?«

»Nein.«

»Und deine Freundin?«

»Weiß nicht. Die ist in Bosnien.«

Elodis Mama hängt im Hof anstelle von Wäsche weißes Papier auf. Elodi benutzt die Wäscheleine zum Tennisspielen. Im Haus wohnen acht Kinder und Elodi, sie sind zwischen sechs Monaten und neunzehn Jahren alt. Elodi hat sie früher nie getroffen, sie sind aber ihre Verwandten, ihre Blutsverwandten. Auch wenn sie anders reden als Elodi – verstehen lässt sich trotzdem alles. Neben Danijela, Dajana, Dejan, Dejana, Stefan, Nino, Sonja und Elodi gibt es im Hof noch viel Himmel und viele Vögel.

Es ist ein für die Vojvodina typisches Haus mit einem tief nach hinten geöffneten Laubengang neben dem schmalen Hof. Mitte der Achtziger erhält das Haus seine Würfelform. Es bekommt einen Anbau und eine Sommerküche im hinteren Teil, dort, wo der Laubengang endet. In den Neunzigern werden bunte Markisen an den mit Glasfassade versehenen Gang gebaut, sie sind damals der absolute Hit. Elodis Mama besteht Tag und Nacht auf diese Markisen, bis der Vater endlich nachgibt und ihr den Wunsch erfüllt. Vielleicht war das auch ein wenig später. Er erfüllt ihr auch, dass ein Brunnen gegraben wird, mit einer kleinen Wasserpumpe aus Plastik, außerdem Marmorkacheln im Laubengang … Und das alles, als wäre es nicht sein Haus, als wäre vor Elodi, die nach ihm kam, nicht er darin geboren worden. Vom benachbarten Haus trennt es eine fast zwei Meter hohe Mauer, in einen der Mauersteine hatte Elodis Vater als Junge seinen Spitznamen und das Jahr eingemeißelt, zweiundsiebzig. Jetzt ist Sommer einundneunzig. Elodi und die anderen Kinder spielen über die Wäscheleine. Der gemeinsame Besitz, wenn ich das so schreiben kann, wird geteilt. Im Zuge der Verteilung öffentlicher Güter an Privatpersonen schleppt Elodis Papa eine Tischtennisplatte in den Hof. Eingedellt, wackelig und grün, von mehreren Generationen Sonnenstrahlen ausgeblichen, Produktionsjahr siebenundsechzig. Für Dajana, Dejana, Dejan, Stefan und Nino ist das Universum in den engen Hof gekommen. Für Elodi hat das alles keinen Sinn, schließlich fehlen Schläger und Netz. Elodi weiß, das ist eine Tischtennisplatte aus dem Schwimmbad, sie hat an ihr gespielt, allerdings weiß sie nicht, wo die Schläger und das Netz hin sind. Dolores besiegt sie in letzter Zeit immer im Pingpong. Wird es Gelegenheit für eine Revanche geben? Neue Schläger und ein Netz zu kaufen ist völlige Sci-Fi, nicht wegen des Geldes, das es nicht gibt. Es gab schlichtweg den *dućan* – so sagt Elodis Oma für Laden – nicht, in dem sie hätten gekauft werden können. In den Läden ist kein Mehl mehr zu finden. Elodi ist bei ihrer Oma, es ist kein Krieg, sie schickt sie um die Ecke in den *dućan*, das ist ungefährlich, denn sie muss nicht über die *cesta* gehen, so sagt Oma, wenn sie Straße meint. Elodis Papa bugsiert die Tischtennisplatte vor die Sommerküche. Elodis Mama knetet in der Außenküche in großen Plastikwannen Pita, Bosnische Pita, das Rezept hat sie von Elodis Oma gelernt. Sie ziehen den Teig gemeinsam auseinander, wobei ihnen Danijela hilft, die älteste unter den Kindern. Elodis Mama und Oma bringen Danijela bei, wie eine bosnische Pita gezogen wird. Elodi kann das nicht,

Danijela ist nicht mütterlicherseits mit ihr verwandt, sondern gehört zum anderen Teil der Familie, der aus dem Karstgebiet in der Herzegowina stammt. Elodi weiß weder, was Bosnien, noch, was die Herzegowina ist, sie hat diese Wörter noch nie gehört. Elodi wächst im Hof auf. Vom Gehalt kann Elodis Mama, wenn sie, direkt nachdem sie es bekommen hat, richtig schnell vom Zentrum zum Laden läuft, drei Liter Öl und eine Tafel Galeb Schokolade kaufen. Aber nur, wenn sie am Abend zuvor bei der Nachbarin Dana, die den Laden um die Ecke führt, aufschreiben lässt. Elodis Mama arbeitet für eine Mark monatlich. Elodi weiß davon nichts, für alle anderen ist Tischtennis die wichtigste Sache auf der Welt. Auch ohne Netz und Schläger. Dolores hat ihren eigenen Schläger, ein Unikat mit spezieller Gummibeschichtung, mit einem Griff aus feinem Buchenholz. Von Schlägern verstehe ich nicht so viel wie Dolores. Elodis Vater fertigt ein kleines Netz aus einem Fischfangnetz. Nachts große Fische mit einem großen Fischfangnetz zu angeln, ist nicht illegal. Mit Bleistiften spannt er das Tischtennisnetz zu beiden Seiten. Als Schläger nimmt er zwei dünne, alte Schneidebrettchen aus der Küche. Elodi und ihre neuen Cousinen und Cousins spielen Tischtennis. Aus der Sommerküche sind Schlager aus dem Lieblingsradiosender von Elodis Mama zu hören. Es ertönt *Čuješ li me, je l' ti drago, Hörst du mich, freust du dich denn, was quälst du mich so, wofür ich nur deine Liebe brauch, ein schrecklicher Sturm zieht hier auf, was quälst du mich so, warum bist du nicht hier, hörst du mich, freust du dich denn.* Elodi nervt total, dass die anderen nicht Tischtennis spielen können, ihr ist langweilig. Einfach unmöglich, mit Menschen Tischtennis zu spielen, die zum ersten Mal ein Brett in der Hand halten. Unmöglich, das ist das richtige Wort am richtigen Platz. Dolores und ich sind gute Sparring-Partnerinnen, wir können ganze zwei Minuten lang um einen Punkt spielen. Elodis Mama hört keine traurigen Sevdah-Lieder, in diesem Punkt passt sie nicht nach Bosnien. Eigentlich hört Elodis Mama gar keine Musik, die Schlager sind ihr Brettchen zum Kochen all der unmöglichen bosnischen Gerichte, die sie von Elodis Oma gelernt hat – Danijela lernt jetzt von beiden.

Es hat geschneit. Was für ein Klischee-Satz, weiter hinten im Text werde ich einen Satz von der Straße daraus machen, dieser hier steht nur aufgrund dessen, was nun folgt, da. Ich rede mich ein bisschen heraus. Vor der ältesten Markthalle in Belgrad sind weggeworfene Dinge zum Verkauf ausgestellt. Eine Tüte Roggenflocken, zwei ausgelatschte, nicht zueinander passende Turnschuhe, ein kaputter Walkman, ein platter Fußball und ein Schlüsselbund. Bleistifte, so ähnlich wie die, mit denen Papa das Netz an der Pingpong-Platte befestigt hatte. Sie wurden auf weiße Tücher gelegt, ähnlich wie das weiße Papier, das Mama ausgebreitet hatte. Mitternacht ist vorbei. Der Nachtmarkt öffnet nach dreiundzwanzig Uhr, wenn Dolores in die Wohnung zurückkehrt oder wenn sie rausgeht. Als sie aus der Wohnung kommt, hängen im Aufzug Drähte heraus, er ist dennoch nicht steckengeblieben. Nach ein paar Mal Steckenbleiben musst du allen Mut zusammennehmen, um wieder mit dem Aufzug zu fahren. Die beklemmende Enge als Bewusstseinskorridor begreifen, der zur Wohnung führt. Dolores hat keine Ahnung von Fahrstühlen und Korridoren. Jeden Tag findet hier ein Markt statt. Dolores geht zum Markt, sie kennt die Anordnung der Stände und Menschen, kennt die Qualität der Tomaten, ich weiß das nie, sie kritisiert mich jedes Mal, wenn ich von der Stadt mit etwas heimkomme, das alles sein könnte, nur keine Tomaten. *Als ob du nicht vom Dorf kommst*, meint sie zu mir zwischen Unschuld und einer gewissen Unverschämtheit, die sie nur undeutlich wahrnimmt, wenn überhaupt. Ich habe keine Lust, ihr zu widersprechen, sonst hätte ich gesagt, *das ist überhaupt kein Dorf.*

Im engen, für die Vojvodina typischen Hof schneit es. Auch mit diesem Satz komme ich nicht viel weiter. Es ist Samstag – Markttag. Kleine Orte, große Märkte. Elodi unterscheidet die Wochentage anhand der Märkte. In Elodis Ort ist der Markt mittwochs und samstags, im nächsten Ort, aus dem Elodis Oma mit dem Fahrrad kommt, immer donnerstags und sonntags. Hier ist jeden Tag Markt. Elodis Mama geht manchmal auf die anderen Märkte. Wenn nicht Samstag ist. Das passiert allerdings selten. Elodis Mama fuhr nie Auto, obwohl sie einen Führerschein hatte. Samstagmorgen. Märkte sind wie Feiertage für Elodi. Ich könnte kotzen, wie wir im dritten Jahr Literaturwissenschaft mit Crnjanski vollgedröhnt werden, als wäre nie etwas anderes geschrieben worden. Elodi mag es nicht, wenn Mama sie nicht mitnimmt. Elodi besteht darauf, mitkommen zu dürfen, aber ihre Mutter lehnt ab, zuerst nett, doch weil Elodi immer dickköpfiger wird, verliert sie die Geduld, wird grob und unfreundlich, immer feindseliger gegenüber Elodi. *Dann komm halt mit!* sagt sie wütend. Sie stellt die Korbtasche ab und bietet sie Elodi an. Elodi weiß, dass es jetzt vorbei ist. Sie wird sie nicht mitnehmen. Elodi schmollt und gibt allen die Schuld, auch Danijela, Dajana, Dejana, Dejan, Stefan und Nino, und sogar Sonja, dem sieben Monate alten Baby. Elodi hat keine Lust, mit ihnen zu spielen. Elodi liebte Märkte, weil es vorkam, dass sie danach noch in die Pizzeria Hram gingen. Elodis Vater taucht auf und setzt sich mit Elodi und ihrer Mama an einen Tisch.

Elodis Eltern gehen nicht zusammen auf den Markt. Die Pizzeria ist eingerichtet wie ein Tempel, überall kleine Separees mit Spiegeln, keine Markisen, dafür lauter Gipselemente. Nur dorthin geht Elodi mit den Eltern. Elodi denkt, sie würden jeden Samstag hingehen, aber in Wirklichkeit lassen sich Vorkommnisse dieser Art an den Fingern einer Hand abzählen. Elodi isst so gern Pizza, sie liebt sie nicht weniger als alle anderen Kinder – Danijela, Dajana, Dejana, Dejan, Stefan, Nino … Nachbarin Zlata kann so leckere Pizza backen, dass sie allen umliegenden Häusern eine Kostprobe ihres Könnens bringt. Nachbarin Zlata arbeitet im Hram, sie ist dort aber nicht zu sehen, sie befindet sich hinter den Spiegeln und Gipssäulen. Elodis Vater ist spät dran, er platzt herein in den Tempel. Elodi und ihre Mama sind mit ihren Pizzen fast fertig. Elodis Vater zahlt. Elodis Mama geht nicht in Cafés, das sei schändlich für eine seriöse Frau, findet sie. Sie trinkt nie Alkohol, wirklich nie, nicht mal zum Geburtstag.

Es ist Samstag, Markttag. Es hat die ganze Nacht geschneit. Elodis Vater kann morgens das Metalltor nicht öffnen. Das Haus, in dem Elodi wohnt, hat eine Toreinfahrt. Das Tor ist aus Metall, blau, zwei Meter hoch. Der vordere Teil besteht aus einer Tür, dieser Teil ist schmaler und hat ein Schloss, vor kurzem haben sie angefangen, es abzuschließen. Elodi kann über das Tor springen, indem sie sich mit dem linken Fuß auf der Metallniete der Regenrinne des nächsten Hauses abstützt, dann das rechte Bein hinüberschwingt und in den Hof springt. In der Vojvodina schmiegen sich die Häuser eng aneinander, deswegen kann Elodi übers Tor springen. Der andere Teil der Toreinfahrt ist zweiflügelig und breit, in der Mitte befindet sich ein Hebel, der in einem Haken im Boden gehalten ist. Wenn mensch den Hebel lockert, geschieht das totale Eindringen in den Hof. Die Einfahrt ist so breit, dass ein ganzer Traktor durchpasst, obwohl sich ihr Alltag aufs Hereinschieben des Autos von Elodis Papa beschränkt, rein in den Hof. Komisch ist das. Der Wagen steht genauso unter freiem Himmel, ob nun drinnen im Hof oder draußen. Als ob ihm vor dem Haus tatsächlich etwas zustoßen könnte. Das Auto, das ich fahre, steht oft kilometerweit von mir entfernt am Stadtrand auf einem Parkplatz, der nicht markiert und nicht kostenpflichtig ist. In diesem Land kosten Parkzettel die Menschen in Mietwohnungen mehr pro Jahr, als ihr Mindestlohn im Jahresbrutto beträgt. Warum sollten Untermiet*erinnen auch Auto fahren? Der ganze Stolz von Elodis Vater, das Maß seines Erfolgs steckt im Wagen. Er ist wichtiger als die Familienmitglieder. Nicht nur als Statussymbol, seine Symbolik überragt bei Weitem alles, was ein Mensch anfassen kann. Davon zeugt die Hartnäckigkeit von Elodis Vater, mit der er jeden Abend das Auto in den engen Hof zwängt. Elodis Vater kommt mitten in der Nacht nach Hause. Dann hört Elodi die Metallfeder, die unter der verrosteten Last des Tors quietscht. Sie hört diesen Ton jede Nacht. Auch morgens, wenn Elodis Papa zur Arbeit fährt.

Der erste Schnee fällt. Ich lasse nicht ab von diesem Satz. Doch voilà: geradlinig fällt der Schnee in den geraden Hof auf die gerade Landschaft der Vojvodina. Anstelle des Quietschens der Metallfeder hört Elodi die gleichmäßigen Laute der Schneeschippe. Elodi macht die Augen auf und sieht ein neues Glücks-Template. *Mama, Mama! Guck mal, Schnee! Es hat geschneit!* Elodis Mama singt gerade: *ABC, die Katze lief im Schnee, und als sie dann nach Hause kam, da hat sie weiße Stiefel an.* Elodi singt mit ihr mit. Elodis Mama singt eigentlich nicht, bis auf ein paar Kinderlieder, die sie von Elodis Oma gelernt hat. *Schlaf weiter, es ist noch früh.*

Aber Schlafen kam für Elodi überhaupt nicht infrage. Danijela, Dajana, Dejan, Dejana, Stefan, Nino und Sonja schlafen, Schnee ist nicht interessant für sie, in Bosnien gibt es wahrscheinlich viel davon, Elodi weiß das nicht. Action. Sie zieht den Schlafanzug aus und schlüpft in Windeseile in den Schneeanzug, dann in die Gummistiefel, und schon rennt sie hinaus zu Papa. Sie will ihm beim Schneeschippen helfen. Elodi will einen Schneemenschen bauen. Und Mama soll mitmachen. Elodis Mama winkt ab, sie macht sich gerade für den Markt fertig. Bauen wir einen Schneemenschen? Wann bauen wir ihn? Wenn wir vom Markt zurück sind. Okay. Elodi bittet sie, ihr das neue Micky-Maus-Heft zu kaufen. Okay. Elodi fragt, warum sie nicht mitdarf. Okay. Elodi hört wieder das Quietschen der Metallfeder, heute Morgen mit Verspätung. Eine Tür, und noch eine, Motorengeräusch, es entfernt sich. Sie sind weggefahren, ohne Elodi. Schnee. Elodi bereitet alles für den Schneemenschen vor. Elodis Vater hat gesagt, sie würden einen bauen, wenn sie vom Markt zurückkommen. Elodi wartet auf sie. Sie hat Kohle aus dem Heizungskeller geholt, den Hühnerfuttertopf als Hut, einen Besen und einen Schal, schon etwas feucht. Jetzt kommt der Volkswagenton wieder. Eine Tür. Der vordere Teil der Einfahrt. Elodis Mutter. Das Geräusch entfernt sich.

»Ich weiß nicht, er ist weggefahren.«

Elodis rote Strümpfe trocknen auf der Heizung. Es waren viele Kinder draußen, sie rutschten den tiefsten Graben am Ende der Straße hinunter, gegenüber des Silos. Für Danijela, Dajana, Dejan, Dejana, Stefan und Nino ist nicht mal das interessant, sie haben noch tiefere Gräben. Elodi ist draußen geblieben, bis es dunkel wurde. Es wurde allerdings schnell dunkel. Kein Kind aus der Straße wollte noch einen Schneemenschen bauen, weil alle schon welche in ihrem Hof gebaut hatten, der Schneemensch wurde dort gebaut, wo Elodis Papa seinen Wagen parkt. *Du bekommst noch eine Lungenentzündung. Iss eine Banane.* Für Elodi folgt nun der schlimmste Teil: Sie muss schlafen gehen, obwohl er noch nicht zurückgekommen ist, aber er hat doch gesagt, dass sie zusammen einen Schneemenschen bauen. Die Metallfeder hat gequietscht, Elodi springt aus dem Bett, es ist spät, alle schlafen bereits, dreiundzwanzig an der Zahl in diesem Haus. Du bist gekommen. *Wir bauen morgen einen Schneemenschen. Den allerbesten, ich versprech es dir, den allergrößten.* Doch am nächsten Tag war der Schnee zu feucht, zu fest und vereist, um daraus auch nur irgendetwas zu bauen.

Vom Micky-Maus-Heft keine Spur.

Es gibt eine Aufnahme. Die Entschlossene hatte Recht.
»Was haben Sie dort gemacht?«, zum dritten Mal wiederholt der Kommissar die gleiche Frage. Der gleiche Kommissar. Die anderen beiden sind auch wieder da, nur die Frau nicht, ihr Laptop steht aber hier. Jetzt werden sie uns die Aufnahme zeigen.

»Wir haben uns angeschaut.«

»Wie, angeschaut?«

»Ich meine, wir haben uns verliebt angeschaut, sie und ich.«

Die Entschlossene sieht mich an, als ob sie mir sagen wollte, du bringst das Netz zum Wackeln, Kleine.

Dolores steht an der Tankstelle. Vorhin dachte sie noch, es komme keine Tankstelle mehr, erst hinter der Grenze, bei Zvornik. Ihr werde das Benzin ausgehen. In Bosnien ist es billiger. Wir fuhren die ganze Zeit auf Reserve. Trotzdem blieben wir nicht stehen. Obwohl das Auto alle möglichen Pannen hatte, meistens an der Elektronik. Die Scheinwerfer kackten ab oder es gab einen Wackelkontakt an der Batterie, mitten in der Nacht, mitten in der Pampa. Kaputte Scheinwerfer und das Auto fährt weiter, nicht mal die Finger auf dem Lenker sind zu erkennen. Stockdunkel. Plötzlich kommt die Karre von der Fahrbahn ab, bähm, die Räder fliegen ins

Maisfeld. Kein Graben hier, soweit ich weiß, Glück gehabt. Scharfes Abbiegen bei einer Geschwindigkeit von 60 oder 70 pro Stunde. Mit einem Mal ist der Kontakt wieder da, die Scheinwerfer schalten sich ein, das Radio singt: *Daljine su blizine. Niemals höher, niemals stärker, niemals kraftvoller. Niemals leiser und doch am lautesten. Entfernung ist Nähe. Immer weiter, immer höher ins Himmelsgewölbe. So etwas Feuchtes hatte ich nie. Entfernung ist Nähe, Daljine su blizine.* Das Scheinwerferlicht beleuchtet die zwei Meter hohen Maisstauden. Horror. Film. Ohne Ende Stängel um Dolores herum, überall. Das muss der Tod sein, denkt sie. Doch es ist nicht mehr Nacht, es ist Tag. Morgengrauen.

Sie döst am Steuer. Sie fährt nach Bosnien – das habe ich schon gesagt, oder? –, hat sich einen Tag frei genommen vom Leben. Ein paar Augenblicke lang denkt sie, es wäre überhaupt nichts passiert. Es ist aber etwas passiert. Was ist nur passiert gestern Abend? Sie steigt aus dem Auto und geht zur Tankstelle. Muss noch die Rechnung bezahlen. Sie fragt sich, ob sie abschließen soll. Sie schließt das Auto ab. Dann nähern sich zwei Männer dem Wagen. Gehen geradewegs auf sie zu. Das ist passiert? Sie erstarrt. In ihr macht sich eine starke Anspannung mit extremer Dramatik breit – heftiger als alles, was sie vorher je gefühlt hat. Ihr Körper befindet sich plötzlich in jenem Moment im Film, wenn es gleich passiert, unbekannt und unangenehm bis ins Mark. Da ist sogar diese Musik. Woher weiß sie überhaupt, ob es Männer sind. Sie weiß es nicht. Hat sie nicht einmal angeschaut. Etwas ist nicht in Ordnung. Jetzt ist alles in Ordnung. Vielleicht wird alles in Ordnung sein, jetzt gleich. In den nächsten 150 Kilometern müsste sie ihre Mutter, ihren Bruder und ihren Vater anrufen, sie wissen von nichts. Sie müsste ihnen Bescheid sagen. Schließlich ist sie blau angelaufen, die Lider geschwollen, das wird nicht in drei Tagen weg sein, Bosnien heilt nicht alles. Und ein metallischer Geschmack im Mund. Vielleicht sollte sie ihnen doch lieber nur eine SMS schicken. Sie überlegt, wie sie sie formulieren würde. Ana erwartet sie dort. Wegen ihr fährt sie eigentlich. Etwas ist nicht in Ordnung, sie hasst diesen inneren Zweifel. Alles in Ordnung, beruhigt sie sich. Ana hat sie auf einem Fußballcamp in Italien kennengelernt, das ist jetzt eine Woche her. Stau an der Grenze, sie fühlt sich gefangen in der Kolonne, links und rechts von ihr Autoschlangen, vorne und hinten, der Wagen ist eine Toilettenkabine, ein Fahrstuhl, öffentliches Verkehrsmittel. Jetzt weiß sie es.

Laut sagt Dolores: Ich müsste es Elodi sagen. Sie kann sich kein Gespräch mit Elodi vorstellen. Krampf im Bauch. Bewerbungen für einen neuen Job zu schreiben ist die Hölle. In Panik ist sie nicht wegen der Arbeit. Davor hat sie keinen Schiss mehr. Die Arbeit ist jetzt egal, sagt sie zu sich. In Gedanken wiederholt sie ihre Aussage. Ein verpasster Anruf vom Inspektor. Darüber zu sprechen ist unmöglich. Sie denkt jetzt über den Inhalt der SMS an Mama, Bruder und Papa nach, inwiefern die SMS der Aussage ähneln sollte, die sie nach der Reise bei der Polizei machen muss. Und über die Erklärung, die sie ihr – Elodi – geben muss. Oder sie sagt es ihnen gar nicht, weder Mama, Papa, noch dem Bruder. Oder macht keine Aussage. Oder erklärt Elodi nichts. Sie könnte eine andere Adresse bei der Polizei angeben, die Kanzleiadresse der Anwältin zum Beispiel, oder … Ja, das könnte sie wahrscheinlich, der Gedanke beruhigt sie ein wenig. Gestern Abend war alles gut, bis das passiert ist. Was ist passiert? Kind sein war gut. Manchmal nahm sie zwei kleine Sofakissen und legte sie nebeneinander auf den Boden neben dem Bett. Darüber warf sie ein ausgeblichenes grünes

Leinentuch, das mal am Fenster gehangen hatte. Dann formte sie kleine Menschen aus Knete. Eine Stadt aus Knete. So lernte sie ihren besten Freund kennen. Im Knethäuschen. Er lebt jetzt in Prag. Weniger spaßig war, als sie mit der Vespa in die Schaufensterauslage fuhr. Drei Monate Gips und eine Narbe am Kinn. Daran erkennen wir alle Dolores.

Passkontrolle. Grenzübergang. Sie rütteln an ihrer Schulter. Heeej! Das Licht ist grell. Zehn Uhr. Am besten gleich die mobilen Daten ausschalten, denn letztes Mal, Italien, neunzehntausend Dinar. Zu bezahlen auf einen Schlag. Nein, jetzt kann sie sie nicht ausmachen. Ein Haufen Zeug auf dem Telefon. Die Nachrichten spritzen nur so, eineinhalb Stunden sind vergangen. Ihre Greencard ist abgelaufen, vor zwei Tagen. Verdammte Greencard. Und das Auto ist auf Elodi gemeldet. Deshalb hat sie eine Vollmacht, in der steht, Elodi bevollmächtigt Dolores, ihr Fahrzeug zu bedienen. Ohne die Vollmacht hätte sie ein Problem, denn sie haben nicht den gleichen Nachnamen. Wenn du ein Auto fährst, mit dessen Besitze*rin du den Nachnamen teilst, hast du dieses Problem normalerweise nicht. Dolores holt die neue Greencard heraus, 35 Konvertible Mark, all das dauert. Sie steht jetzt außerhalb der Autoschlange und ihre Gedanken schweifen ab. Ana hat eine Wohnung gemietet und wartet auf sie. Sie blickt zum Schild, auf dem *border* steht. Mit Elodi hat sie all ihre Grenzen überschritten, aber es hat nicht geklappt, nicht wahr? *Das* hat nicht geklappt, sagt Dolores. Die Dinge beim Namen zu nennen ist wichtig, damit wir sie überwinden können. Dolores benennt aber nicht, hartnäckig, seit Jahren. Alles, was sie gemacht hat, war nicht genug. Ihr Vater hätte es nicht ausgehalten. Was ist hinter dieser Grenze? Außer der Europäischen Union. Sie möchte in die EU, so wurde es ihr beigebracht.

Sie schiebt den Gedanken wieder beiseite. Hinter dieser Grenze sind Illusionen vom Glück mit einer Frau, die sie für immer lieben wird. Doch da ist nichts, sie war schon dort. Eine Mauer ist da. Kehr lieber um, solange du noch kannst, sagt sie sich immer wieder. Sie will nicht umkehren. Ana ist Mittelfeld, Verbindungsspielerin, Dolores ist Stürmerin, das sagte ich bereits, ich weiß, das hier ist jedoch eine neue Aufstellung, mit einer neuen Spielerin im Team. Allerdings haben wir davon nichts außer einem leichten Frischeduft, der sich nach einiger Zeit verflüchtigt. Sie schläft wieder ein. Sie wird es verstehen oder auch nicht. Elodi wird alles verstehen. Was soll sie damit. Sie braucht ... Was braucht sie eigentlich? Guten Sex, der all das löst. Sie hat sich in Ana verliebt, Hormone und Illusionen wirbeln herum. Und Elodi, die fehlt ihr, aber das hier ist stärker? Wo, gerade jetzt, wenn alles kaputt gegangen ist. Es ist passiert. Sie hat angefangen zu vergessen wie das ist, in der anderen Person anwesend zu sein, ohne Absicht, ohne stilistischen Vorsatz. Sie stellte sich einen Moment lang vor, wie sie ins Weiß eintreten. Endlich ein Gespräch ohne überflüssige Worte führen. Sie bewahrt Elodi nur als Assoziation, als Anspielung auf etwas, das fortgeht. Etwas ist nicht in Ordnung, das ist ihr jetzt klar geworden. Sie hat Milići passiert. Han Pijesak. Bleiben noch hundert Kilometer um zu entscheiden, was sie macht. Dem Kommissar hat sie zugesagt, der Einladung am 17. Oktober Folge zu leisten. Um 11 Uhr.

Am Laptop, auf den das grelle und trübe Licht von den dreckigen Fensterscheiben des Zimmers 516 fällt, spielen sie die Aufnahme ab. In Farbe, fast HD. Eine Aufnahme von der Straße, vor dem Café.

»Wir haben eine Aufnahme gefunden, eine Kamera vom Geschäftsgebäude in der Nähe«, wendet sich der Kommissar an uns.

Das Café befindet sich unmittelbar in der Kurve, die Kamera fängt den Winkel des Geschehens nicht ein. Belgrad ist gewunden, krumm. Die Aufnahme beginnt um 23 Uhr am 13. Oktober und endet ungefähr um 2 Uhr am 14. Oktober. Wir sehen uns alle Leute an, die dort vorbeigekommen sind, wir warten auf ein Uhr nach Mitternacht. Alle wirken gedankenversunken, es sind hauptsächlich einzelne Menschen, die eilig vorübergehen. Die Entschlossene und ich sitzen da, das trübe Licht macht uns beide fertig. Doch wir schauen weiter, die Entschlossene sagt, dass sie anhalten sollen, sobald es ihr wichtig erscheint. Ich schaue einfach nur. Dann stehe ich auf und gehe im Zimmer 516 auf und ab. Ist das erlaubt, frage ich. Ja, ja, aber dieser Raum ist leider zu klein. Macht nichts, antworte ich nicht, auch auf zwei Metern kann ich kilometerweit laufen. Auf welchem Kilometer ist Dolores. Und warum meldet sie sich nicht. Wir sind doch zusammen, auch in dieser Sache hier. All das mit Dolores quält mich, sie ist so stur, verfolgt ihren Plan um Leben und Tod. Und wie kann sie nach alldem überhaupt Auto fahren. Ich kapiere überhaupt nichts. Oder weigere mich zu kapieren. Das hier ist wichtiger, finde ich. Weiß nicht. Die Entschlossene ruft:

»Stoppen Sie, hier hier, ja ja, ein bisschen zurück bitte.«

Drei Kerle sind zu sehen, wenige Sekunden nach einer Stunde und 23 Minuten auf dem Video, einer von ihnen hat ein hellbraunes Sakko und ein weißes Hemd an.

»Das sind sie nicht«, sage ich. »Das sind nicht die.«

»Sind Sie sicher?«

»Ja, ich denke, das sind sie nicht.«

Der Kommissar spult die Szene ein paar Mal zurück. Sie bewegen sich zu langsam und sorglos.

»Das sind sie nicht.«

»Ich habe Ihre Freundin angerufen, sie ist nicht erreichbar. Wann kommt sie zurück?«

»Ich weiß es nicht.«

»Es wäre gut, wenn sie sich die Aufnahme ansieht. Wir haben nur Ihre Aussage, das reicht nicht.«

»Im Café waren aber um die vierzig Menschen«, sagt die Entschlossene.

»Sie erinnern sich nicht an diesen Abend«, antwortet ihr der Polizeibeamte.

»Auch die Musik*erinnen nicht?«

»Nein.«

Seit vier Stunden sind wir nun schon in Zimmer 516, wie viele Kilometer sind das.

»Wir kontaktieren Sie, wenn es neue Fakten geben sollte«, meint der Kommissar.

Die Entschlossene und ich erwidern nichts, sie gibt ihnen die Hand, ich bin bereits draußen, eile zur Treppe, an die frische Luft. Tief einatmen. Tief einatmen. Auf der Welt ist was kaputtgegangen. Eine Katze ruft von der Treppe meinen Namen, als würde sie gerade gequält.

Wir gehen ins gleiche Café. Die Kellnerin erkennt uns mittlerweile und ist anders zu uns, sie schauspielert nicht. Die Entschlossene trinkt einen Obstler, ich bestelle Tonic.

»Komm, nimm was Ordentliches, was säufst du diesen Saft.«

»Ich darf nicht, bin auf Beruhigungspillen.«

»Auf was bist du?«

»Ich hab Beruhigungstabletten genommen.«

»Ach was, einen kleinen Schnaps kannste ruhig trinken.«

»Ein andermal, ich kann jetzt nicht. Beim nächsten Mal.«

»Wegen dieser Tabletten?!«

»Naja, nicht nur deswegen, sondern … Ich hab was falsch eingeschätzt … und … entschieden, ich hab vorbeigeschossen.«

»Die in Bosnien macht dich fertig, oder? Die kommt schon wieder.«

»Nee, sie kommt nicht, ich hab's vermasselt, Entschlossene, ich hab echt komplett das Tor verfehlt. Komplett.«

»Hör mal, auch ich dachte ich hab was weiß ich nicht alles im Leben hab ich aber nicht verdammt noch mal meine Meinung ist vielleicht falsch die ist nicht immer richtig das heißt aber nicht dass du dich mit Asche überschütten solltest. Vielleicht tuts jetzt weh klar das geht aber vorbei, ganz bestimmt gehts vorbei und zwar besser mit Schnaps aber das musst du wissen. Die Zeit heilt am Ende alles, unglaublich aber das macht sie wirklich und danach wirst du wieder ne offene Möglichkeit haben und du wirst das Tor machen. Es wird dich nicht jedes Mal wieder so umhauen Scheiße Mensch du hast doch nur ein Leben hast nur dich niemensch sonst, ich sag ja nicht dass die Sterne immer super stehen müssen und du eins nach dem anderen reinballerst aber du musst doch echt nicht gleich frustriert sein wegen so was, komm mal runter. Entschuldige dass ich dir das so sage ich kanns dir nicht anders sagen es ist schwer sich das selbst emotional einzugestehen weil du dich als Opfer fühlst, du fühlst dich machtlos hast das Gefühl dass das was du am besten konntest verkackt ist, weißt du, ich meine ich weiß das, ich war in der gleichen Situation, es ist wirklich schwer zu akzeptieren dass du echt das Opfer bist aber wie soll ichs dir sagen das ist der erste Schritt du musst begreifen dass du ein Opfer bist, das tut weh und ja das ist erniedrigend und schrecklich weil du nicht glauben kannst dass *du* das bist aber mach verdammt noch mal weiter irgendwie gehts vorbei nach einiger Zeit ist es vorbei, los, wir fangen wieder an, Trainingslager und so – verstehst du?«

»Ich will kein Opfer sein.«

»Das bist du aber, dein ganzes Leben lang, du, ich, wir alle, diesen Fakt musst du in deinem Unterleib fühlen warum denkst du ich hätte das nicht auch durch ich hab mich sechs Tage im Zimmer eingesperrt also ich hatte drei Wochen totale Krise hab Urlaub genommen und war zu Hause ich hab gewartet bis es dunkel wird dann bin ich raus Brot kaufen, damit die Leute nicht sehen dass ich zerstört aussehe, damit sie nicht sehen dass ich rot bin vom Weinen. Du bist nicht gefallen dich haben sie nicht gekickt mich haben sie zu Boden gestürzt das ist das Schlimmste wenn mensch stürzt und sie noch draufkicken. Schließ dich ein wein dich aus lass dir fünf Kilo Brot von deinen Leuten kaufen und heul dich aus, das ist so heilsam danach gehst du auf die Straße als ehemaliges Opfer und das ist ein dramatischer Unterschied, dann verleugnest du nicht mehr was du bist sondern weißt was du bist und du weißt, von diesem Tag an bist du's für niemensch mehr, kapierst du?«

Ich verstehe natürlich überhaupt nichts, nicke aber.

»Nächstes Mal nehm ich einen Schnaps«, sage ich lächelnd zu ihr.

Aber ist es diesmal anders? Dolores weiß es nicht. Ist dieses Mal anders als die vorherigen Male? Sie ist jetzt ein wenig munter geworden und mag nicht mehr schlafen. Romanija. Sie wird ihnen nichts schreiben, Mama, Bruder und Papa. Wozu auch. Sie sollte anhalten und etwas essen, das letzte Mal gefrühstückt hat sie vor zwei Tagen. Beim bloßen Gedanken an Essen wird ihr schlecht, doch sie überzeugt sich selbst, dass sie mal eine Atempause braucht. Sie betrachtet die Schaukeln und das tadellos gemähte Gras vor dem Restaurant. Wenn sie sich doch einfach auf den Rasen legen und an nichts denken könnte. Es erinnert sie an einen Fußballplatz und … Scheißverfluchte Bilder, schöne, hässliche. An Elodi nervt sie ihr poetisches Gewissen – gegenüber der Zukunft, die auch für sie selbst immer schwerer vorstellbar wird. Uh, das liebt sie aber auch an ihr. Verrat ist ein gefährliches Wort. Sie kann sich noch an diesen Absatz über Verrat erinnern. Damals, als Elodi in den Laden ging, um ein bisschen Kačkavalj zu kaufen. Als sie Pizza backten und zum ersten Mal den Teig selbst machten. Dolores knetete ihn. In Elodis Kühlschrank fehlt immer eine unentbehrliche Zutat. Elodi fühlt mit ihr, auch im Verrat, das muss besonders schwer sein, denkt sie. Verrat ist ein gefährliches Wort, las sie, während Elodi im Laden war, im Buch, das auf dem Küchentisch lag. Das war während der drei Monate, in denen der Boiler bei Elodi nicht funktionierte, weil sie keine Zeit hatte, ihn zu reparieren. Für Dolores ist das unvorstellbar, keine Zeit zu haben. Für sich.

»Stinkst du?«, fragt Dolores sie.

»Nee, ich hab mich gewaschen, mit kaltem Wasser.« Dolores atmet auf. Ist ja schließlich Sommer.

Es ist überhaupt nichts Schlechtes, mehrere Personen zu lieben und das zu sein, was du willst, sagt Elodi zu ihr. Dolores weiß überhaupt nicht, was sie mit Elodi machen soll. Sie beide können nur getrennt oder ungleich sein. Und ständig sagt sie ihr, sie müsse sich nicht zwischen ihr und sich entscheiden. Es ist eine Wahl ohne Auswahl. Elodi ist nervös, wenn es Dolores unangenehm ist, dass sie sich mit Leuten abgibt, die »gesellschaftlich unpassend« sind. Diese Leute ersticken Dolores, sie kann nicht dabei sein, wenn Elodi in ihrer Gesellschaft ist. Dolores findet es merkwürdig, dass Elodi in allem das Patriarchat wittert, und hält sie für einen ebensolchen Sozialfall, allerdings besser passend. Sie sind sich kein bisschen ähnlich. Sie bemühen sich sehr miteinander zu reden, Elodi macht das aus dem *Antrieb, dass Dolores werden kann.* Verfluchte Verantwortung. Zum Teufel damit! Ihre Sprachen sind verschieden. Doch auch Dolores versucht es. *Morgen hab ich einen anstrengenden Arbeitstag.* Hätte Dolores zufällig die Sätze gezählt, die Elodi ihr zuwirft, wie zum Beispiel: Morgen hab ich einen anstrengenden Arbeitstag, wäre sie eindeutig die Gewinnerin. Wie soll mensch die vielen Leerstellen im Text füllen, wie ihn vorlesen? Dolores würde es mit einem Lachen machen. Vielleicht sollte ich von hier aus loslegen. Wir mieteten eine Wohnung für Sex, aßen Pizza, einmal bekamen wir es nicht hin, den Ofen einzuschalten, denn der Herd war im Netz nirgends zu finden, ein seltenes Modell. Einmal fuhren wir hinein in den Brand und entkamen ihm nur mit einem U-Turn mit Handbremse. Ein anderes Mal waren wir im Wald, wieder brannte es, Dolores war die Mutigere. Mit Dolores hat sie zum ersten Mal im Leben Beefsteak gegessen und es selbst zubereitet, das war zu Silvester. Elodi mag kein Silvester, Dolores liebt es. Sie aß es noch ein zweites Mal – im Restaurant mit dem besten Beefsteak der Stadt, in das Dolores sie eingeladen hatte. Dolores schätzt lauter Sachen, die Elodi annerven. Deshalb ist Elodi nervös und lächelt nur säuerlich. Bei Elodi zu Besuch mag Dolores nur hausgemachte saure Gurken, Eier und Brotkruste essen. Für gewöhnlich frühstücken sie nur zusammen, so busy wie sie wegen Dolores Eltern und Elodis Job sind. Dolores findet, dass Elodi keine Ahnung vom Kochen hat. Elodis Gerichte seien ohne Gewürze. Auch beim Essen kommen sie nicht zusammen. Einmal hat Elodi Linsen zubereitet, sie hat sich richtig angestrengt. Dolores hatte rumgejammert, dass immer nur sie koche. Dann war Dolores zum gemeinsamen Abendessen nicht aufgetaucht, weil es etwas anderes gab, etwas Exotischeres als Linsen, gekocht bei lauter Musik und einem Haufen Leute. Elodi mag keine Menschenmassen und das letzte Mal, als sie sich ernsthaft für Musik interessiert hat, war zur Zeit der ersten MP3-Player. Eine ganze Rate des Studienkredits hatte sie für den MP3-Player ausgegeben. Den Kredit hat sie immer noch nicht abbezahlt. Ein bisschen fehlt noch. Der zweite Satz auf der Liste der Sätze, die sie am häufigsten zu Dolores sagt, wäre: *Ich bin müde.* Dolores findet es nicht normal, wie viel Elodi arbeitet und was sie alles arbeitet. Elodi ist erschöpft vom Patriarchat bei Dolores, bei sich selbst, bei anderen. Erschöpft von den heteronormativen Beziehungen, von irgendwelchen vorgezeichneten Normen und Formen. Von Ausreden, von Zwängen. Es sind die Flure, Fahrstühle, WC-Kabinen und die Öffentlichen. Sie ist müde vom Unverständnis, das groß und kompliziert ist, so unverständlich wie Bosnien.

Nach einer Stunde steigt Dolores ins Auto. Sie steht an einer Kreuzung. Ihr Blick streift die rosa Trillerpfeife vom Pride 2010, die am Rückspiegel von Elodis Auto hängt. Sie ist nicht mehr rosa, die Farbe, von der Sonne ausgeblichen, lässt sich eigentlich nur erahnen. Sie guckt zur Trillerpfeife und … platziert den Ball vorm Tor und ballert ihn rein. Sie biegt nach Belgrad ab.

Die Entschlossene und ich verabschieden uns vor der Kneipe. Sie sagt zu mir:

»Verdammt, es tut halt weh, es muss eben ein bisschen weh tun. Nach dem Schmerz lachst du wieder, mach dir nicht so nen Kopf.«

REPUBLIK SERBIEN
INNENMINISTERIUM
POLIZEIDIREKTION
POLIZEIBEHÖRDE BELGRAD
Abteilung Öffentliche Sicherheit
Nummer: 656/15
Datum: 17.10.2015
Belgrad

AMTLICHES VERNEHMUNGSPROTOKOLL DER AUSSAGE EINES BÜRGERS

Die Bürgerin Dolores, von Beruf Diplomingenieur für Organisationswissenschaften, geboren am 28.07.1987 in Belgrad, Gemeinde Stari Grad, wohnhaft in Belgrad, machte am 17.10.2015 im Innenministerium, Bulevar Despota Stefana 107, 11108 Belgrad, in Verbindung mit einem Vorfall in der Nacht vom 13. auf den 14. Oktober 2015, bei dem sie im Café »Srbija« von Unbekannt physisch angegriffen wurde, nach Paragraf 288, Absatz 1 Strafgesetzbuch (StGB) (*Amtsblatt der Republik Serbien* Nr. 72/11) in Verbindung mit Paragraf 286, Absatz 2 StGB gegenüber der bevollmächtigten Amtsperson des Innenministeriums der Republik Serbien folgende Aussage, deren Aufzeichnung um 11 Uhr begann:

Am 13./14.10.2015 ging ich ungefähr um 23.45 Uhr zusammen mit Elodi ins Café »Srbija«, es befindet sich direkt gegenüber des Lokals, in dem wir zuvor bei einer Lesung waren. Wir gingen in das genannte Café und setzten uns an einen Tisch, der sich zwischen Bar und Toilette befindet, also der letzte Tisch in der mittleren Reihe. An der Wand rechts von uns standen einige junge Typen, ich weiß nicht genau, wie viele es waren. Es handelt sich dabei um junge Männer von höchstens 20 Jahren und ich glaube es waren Hooligans des FC Milenijal, denn sie forderten bei ihrem Liedwunsch von den Musik*erinnen, dass sie das Lied den Fans des FC Milenijal, also ihnen widmen sollten.
Um ca. 01:00 Uhr spürte ich plötzlich einen harten Schlag an meiner rechten Schulter. Als ich mich umdrehte, sah ich einen Stuhl auf Elodi zufliegen, der sie auf die Nase traf. Ich habe nicht genau gesehen, welche Person den Stuhl geworfen hat, aber ich habe gesehen, wie ein Mann auf uns zueilte, wobei er sich den Weg durch die Cafégäste bahnte, er trug eine Kapuze und eine dunkle Basecap, höchstwahrscheinlich schwarz oder dunkelgrün, ohne Aufdruck, Applikation oder so, und hatte, glaube ich, eine dunkle Trainingshose an. Als er sich unserem Tisch genähert hatte, fing er an, »Lesben, Lesben« zu schreien, dann schlug er mit der geschlossenen

Faust, ich glaube, es war seine rechte Hand, auf meine rechte Schläfe. Ich kauerte mich zusammen und hielt den Arm schützend vor mich, aber der Typ schlug weiter auf mich ein. In einem Moment konnte ich sehen, wie er Elodi schlug, die versucht hatte, vom Tisch aufzustehen und mich verbal zu verteidigen. Durch den Schlag verlor Elodi das Gleichgewicht und fiel neben den Tisch. Da mischten sich andere Cafégäste ein und stoppten ihn, er lief daraufhin aus dem Café.
Elodi und ich zogen uns an die Wand des Cafés zurück und dann brachte uns die Kellnerin Eis, ein paar Minuten später kam ein junger Typ auf uns zu – er trug ein beiges Sakko, höchstwahrscheinlich aus Tweed, ein dunkles Shirt, Jeans und Turnschuhe, ebenfalls in beige – und schrie »fick deine Mutter, du Lesbe«, dann gab er mir mit dem rechten Fuß einen Tritt aufs linke Auge, und ich glaube, er hat noch ein paar Mal mit den Armen gewedelt und versucht mich zu schlagen, er hat mich aber nicht erwischt, weil sich die Kellnerin zwischen uns stellte, und wahrscheinlich versetzte er ihr einen Schlag.
Die Kellnerin zog Elodi in die Toilette, ich blieb aber an Ort und Stelle, währenddessen stürzten sich einige der Gäste auf den Mann, der uns geschlagen hatte, zwangen ihn nieder und warfen ihn raus. Ich glaube, der Mann hatte

nicht die Absicht aufzuhören, er hätte mich am liebsten totgeprügelt. Nach einigen Minuten traf die Polizei ein und die Kellnerin und Elodi kamen aus der Toilette heraus.
Wegen der Verletzungen, die ich mir bei dieser Gelegenheit zugezogen habe, wandte ich mich ungefähr um 2:30 Uhr an die Notaufnahme, um medizinische Hilfe zu bekommen, ich lege den Untersuchungsbefund bei.
Die Aussage mache ich im Beisein meiner Anwältin – Die Entschlossene –, die ich selbst engagiert habe, und ich bitte darum, dass die Vorladung im Falle zukünftig notwendiger Aussagen über ihre Anwält*innenkanzlei übermittelt wird.
Das ist alles, was ich auszusagen habe.
Die Vernehmung wurde um 13:20 Uhr beendet.
Das amtliche Vernehmungsprotokoll wurde der Bürgerin gemäß §288, Absatz 5 StGB vorgelesen und von derselbigen genehmigt.
Bürgerin Dolores bittet darum, eine Kopie des Vernehmungsprotokolls zu erhalten, es wird also konstatiert, dass der Bürgerin ein Exemplar des Vernehmungsprotokolls ausgehändigt wurde.

In Wirklichkeit ist das so nicht passiert. Dolores kam nicht, sie hat bis heute nicht ausgesagt, sie entschied, ihre Fahrt nach Bosnien fortzusetzen, bis zur gemieteten Wohnung, in der Ana auf sie wartet, und der polizeilichen Aufforderung nicht nachzukommen.

In Wirklichkeit war es so:

Sie steht an der Kreuzung. Das Radio schaltet sich wieder ein, gerade läuft: *And it hurts, and it hurts But I don't wanna talk about it ›Cause in my dreams‹ I miss you Then I wake up to reality's bliss Now all I ever wanted and all I ever needed is right here In the stranger's kiss.* Sie blickt zur rosa Trillerpfeife vom Pride 2010, die am Rückspiegel von Elodis Auto hängt. Sie ist nicht mehr rosa, von der Sonne ausgeblichen, die Farbe lässt sich eigentlich nur erahnen. Sie guckt zur Trillerpfeife und … platziert den Ball vorm Tor und ballert ihn rein. Sie biegt nach Sarajevo ab.

Elodi hat sich in den Kopf gesetzt, diesen Herbst von der Mauer zu springen. Elodi wohnt in einer Straße mit vierzehn Häusern, die an einem Ende auf die Brücke, am anderen aufs Stadion trifft. Ihr Haus liegt gegenüber der Wiese. Am Stadion befindet sich der Laden *Venac*, wohin Elodi alle Kinder der Straße zum Eis einlädt und sagt: »Mein Papa bezahlt das.« Elodi kann im Stadion nur herumschleichen, denn allen, die nicht Fußball trainieren, ist das Betreten des Platzes verboten. Elodi zwängt sich jedoch abends durch eine nur 25 cm breite Öffnung im Zaun und setzt ihren Fuß aufs echte Feld. Dann legt Elodi sich ins Tor und blickt durch das Netz zum Himmel. Vor Tribüne und echtem Feld befindet sich eine Mauer. Die tragende Mauer der zentralen Loge des Stadions. Die Kinder aus Elodis Wohngegend springen von der Mauer. Nacheinander. Ich habe vergessen zu sagen, dass das Stadion von einer hohen Mauer umgeben ist, das ist jedoch nicht die Mauer von der gesprungen wird. So ist das Stadion nur aus der Vogelperspektive zu sehen. Nicht alle trauen sich zu springen. Ein paar springen mit fünf, einige mit zehn Jahren, andere springen nie. Elodi lebt beim Stadion. Zur Infrastruktur des Stadions gehört auch das Büro der Einzel- und Großhandelsgesellschaft *Venac*. Alle Läden heißen

Venac – Zum Kranze. Neben dem Büro ist eine Wohnung, in der ein Arbeiter der Zuckerfabrik wohnt. Mit einer dicken Rasenwalze und einem lauten Rasenmäher mit Motorantrieb kümmert er sich ums Stadion, seine Frau, Arbeiterin der Šećerana, hält hingegen die Fußballräume und Umkleiden instand, außerdem kümmert sie sich um Trikots und Pokale. Beide bekommen ein Gehalt, obwohl sie nicht in den Betrieben der Šećerana arbeiten, sie werden dafür bezahlt, sich um das Stadion zu kümmern. Hinter diesen Räumlichkeiten befindet sich ein Motel. Dort schlafen gastierende Fußballer und heimische Geliebte, die anschreiben lassen. Elodi geht manchmal mit den anderen Kindern spionieren. Das Spiel heißt *nächtliche Detektiv*innen*, aber öfter noch spielen sie *Cowboys an der Frontlinie*, wobei sie sich in Deutsche und Partisan*innen aufteilen. Elodi ist nicht gern Deutsche. Im Zweiten Programm läuft der Partisan*innenfilm *Explosion in der Zentralgarage*, Elodi möchte die Rolle des Prle spielen, sie wird aber immer als Deutsche eingeteilt, weil sie ein Mädchen ist, alle Mädchen spielen Deutsche.

Die Mauer ist zwei Meter hoch. Elodis Papa hat ihrem neuen Bruder Nino ein Polizei-Set für Kinder und Elodis neuer Schwester Dejana eine Spielausrüstung für Ärzt*innen gekauft. Elodi hat er nichts gekauft, da sie in die Schule geht und die anderen nicht. Nino ist fünf Jahre alt, Dejana wäre jetzt schon in der dritten Klasse, besucht aber keine Schule. Elodi nimmt sich die Plastikverpackung, aus der Nino Schlagstock, Handschellen, Gurt und Pistole geholt hat, und klebt sie mit Tesafilm über ihr Bett. Elodi jammert ein bisschen, sie wolle auch Spielsachen, aber ihr Papa erklärt ihr, die anderen hätten kein Zuhause. Elodi versteht das nicht, wie kann jemensch kein Zuhause haben. Elodi hat die Plastikverpackung einer Polizeiausrüstung über ihrem Bett, sie blickt in die leeren Formen von Schlagstock, Handschellen und Pistole. Sie schaut sie beim Einschlafen an. Nino will ihr nicht die Pistole zum Probieren geben, nur die Handschellen. Elodi will so nicht spielen, wenn immer nur er sie fängt oder tötet. Elodi geht allein zum Stadion. Es ist dunkel. Dort ist Dolores und springt von der Mauer. Die beiden sprechen über den Sprung. Sie ist älter und größer als Elodi. Jedenfalls denkt Elodi das – vielleicht auch fälschlicherweise. Dolores kann alles, sie springt zehnmal nacheinander. Elodi sitzt auf der Tribüne, hält sich am Zaun fest und sieht zur Mauer.

»Springen ist nicht schwer, du lässt dich einfach fallen.«

Elodi schweigt. Sie ist noch nie auf die Mauer geklettert. Auf die Mauer steigen sie, indem sie den Zaun der Tribüne emporklettern, also auf der anderen Seite als die, auf der sich Elodi gerade festhält und zu Dolores hochsieht. Sie wird jetzt hinaufklettern. Sie hält sich am Zaun der Tribüne fest, zieht sich wie an einem Seil hoch. Nun steht sie auf dem Mäuerchen, gerade so breit, dass Schuhe der Größe 33 draufpassen. Sieht hinunter ins Gras. Dolores ist schon dreimal gesprungen. Sie ruft ihr von unten zu: Komm. Elodi springt nicht. Aber sie überlegt sich, wie sie es machen könnte. Nachts betrachtet sie die Formen der Pistole und Handschellen und schmiedet einen Plan für den nächsten Tag.

Der Morgen ist sonnig. Elodis Mama frittiert mit Danijela *Mekike* in der Sommerküche, es ertönt der Schlager *Kao da me nema: Kinder spielen, jemensch eilt nach Hause … und ich verstecke meine Traurigkeit im Herzen … Seit du weg bist, ist's, als gäbe es mich nicht, alles was ich brauche, geht fort mit dir, wenn Träume so leicht zerplatzen, ach, hätten wir uns doch nie angeschaut.* Elodi rennt aus dem Haus und fragt: Mama, wo ist unser

Regenschirm? Elodis Frage und das Lied mischen sich mit dem Brutzeln der Hefeteilchen. Das Brutzeln ist bis hinüber zum Tisch, bis hinüber zum Tor zu hören. Elodis Mama und Danijela hören sie vor lauter Brutzeln nicht gut. Elodi ruft ihnen von der Mitte des Hofs zu: Wo ist unser Regenschirm?

»Es regnet nicht, Elodi, wozu brauchst du einen Regenschirm.«

Mama und Danijela bleiben im Brutzeln der Mekike. Elodi sucht nach dem Regenschirm. Sie haben zwei Schirme im Haus, ein nicht aufklappbarer, der gehört Papa, und Mamas aufklappbarer. Sie findet einen, er steht hinter dem Schuhschrank. Ein großer Regenschirm, nicht der von Mama. Sie kommt nicht hin. Der Schuhschrank ist schwer, keine Chance, sie kann ihn nicht verschieben, bekommt den Schirm auch nicht zu fassen. Dejan, Dejana, Dajana und Nino haben die *rec*-Taste am Kassettenrekorder in der Außenküche entdeckt. Es ist ein gewöhnliches Kassettengerät mit einer Kassette. Die erste Kassette, die Elodi bekommen hat, ist *Hajde das se volimo, Komm wir lieben uns* mit einer gelben Hülle und den Worten Lepa Brena darauf. Die anderen spielen Radiosendung. Dejan ist der Moderator, Dajana und Dejana sind die Sängerinnen. Elodi ist verliebt in Lepa Brena und ihre Lieblingsstelle ist *To to to je to, Das das das ist alles.* Die anderen singen Vesna Zmijanac. Vesna Zmijanac war neulich im Motel, das haben sie beim Detektiv*innenspiel herausgefunden. Vojkan meinte, auch der Präsident des Fußballclubs sei dagewesen. Dolores ist Liebhaberin im Belgrader Hotel *Union.* Dolores ist die beste aller Liebhaberinnen. Dejan ist der älteste, eigentlich Siebtklässler, geht aber auch nicht zur Schule. Dejan hilft Elodi dabei, den Schuhschrank zu verrücken, während sie ihm verspricht, bei ihren Radiosendungen mitzuspielen. Elodi leitet die Tonaufnahme, abwechselnd drückt sie *rec, stop, rec, stop, rec, stop.* Sie wollen sich jeden Satz einzeln anhören, Elodi nervt das, sie muss zurückspulen und suchen, bis wohin sie gekommen sind, und nie schafft sie es, die Pausen zu treffen. Elodi kann kaum erwarten, dass es endlich dunkel wird und sie zur Mauer gehen kann. Es wird einfach nicht Abend, aber dafür ist endlich die Taste zum Rückwärtsspulen kaputt. Alle sind bekümmert deswegen, Elodis Mama stellt Teller auf den Tisch vor der Sommerküche. Elodi stiehlt sich davon, sie hat keinen Hunger und es gibt sowieso keine *Eurokrem.* Elodis Vater ist nicht nach Hause gekommen, Elodi dachte, er würde vielleicht ein Glas von der Schokocreme mitbringen. Elodis Mama sieht Elodi am Hoftor. Elodi, wo willst du hin, komm essen. Wozu brauchst du denn den Regenschirm, es regnet doch nicht. Ich esse später. Elodi setzt sich auf ihr rosa Fahrrad und fährt davon, bis zum Haupteingangstor des Stadions. Ein hohes Tor, drei Meter hoch, mit rot-weißen Tafeln. Da kann Elodi nicht drüberspringen. Elodi weiß aber, wie sie sich durch die kleine Tür, die Diensteingang genannt wird, zwängen muss, dort, wo sich die Basketballplätze befinden und die Mauer ist. Dort schlüpft sie durch.

Elodi lehnt ihr Bike nie an, sie schmeißt es immer auf den Boden. Elodis Mama regt das auf. Jemensch wird sich noch das Bein deswegen brechen, sagt Elodis Mama. Im Stadion ist keine Menschenseele, nur Dolores ist hier und wartet auf sie, sie sitzt auf der schmalen Mauer und lässt die Beine baumeln. Elodi geht nicht zu ihr, zur Mauer, sie macht einen Bogen drum herum und geht auf den Platz, den echten, durch den Eingang. Dort stehen die kleinen Tore, die nach dem Training nicht weggeräumt wurden. Kleine Tore, zum Üben. Elodi hangelt an der Torstange und versucht sich mit ihrem ganzen Gewicht hoch auf die Hände zu schwingen. Sie schaukelt mit Beinen und Armen, hin- und her, dreht sich und … fällt. Das Tor kippt um. Fällt auf ihren Rücken. Das kleine Tor über ihr. Die Querlatte aus Eisen liegt auf Elodis Hals. Sie kann die Schultern nicht bewegen, ihre Arme sind schwach und das kleine Tor ist real. Doch da ist Dolores. Sie beobachtet sie, rennt herbei und hebt das Tor an. Fast wäre Elodi erstickt.

In Wirklichkeit spielt sich das nicht so ab. Elodi wird von Oma gerettet, sie hat Elodi eine Stunde lang überall auf der Straße gesucht und findet sie schließlich beinahe bewusstlos unter dem Tor liegend. Auch Oma weiß, wie sie durchschlüpfen kann. Oma erwähnt vor Mama und Papa nichts, es bleibt eines ihrer Geheimnisse bis zum heutigen Tag.

»Elodi, was schleppst du diesen Schirm mit dir herum, gib ihn mir.«

Elodi gibt Oma den Regenschirm, sie gehen bis zur Ecke. Sie sind jetzt genau beim letzten, beziehungsweise ersten Haus der Straße, bei der Bäckerei Paštrik. Bäcker Paštrik lebt mit seinen Brüdern dort, er verteilt an Elodi und die anderen Kinder warme Fladenbrote, abends, wenn sie im Winter am längsten draußen bleiben. Auf die Bäckerei Paštrik wurde neunundneunzig eine Bombe geworfen. Irgendein Hooligan. Ich glaube, Paštrik lebt auch heute noch dort. Elodi kann von der Ecke aus, wo die Bäckerei ist, sehen, ob Papas Auto vor dem Haus parkt. Kein Auto zu sehen. Er hat auch keine Eurokrem mitgebracht. Elodi ist allein in der Außenküche, niemensch da, nicht mal Eurokrem. Die Mekika ist kalt und trocken, doch das bemerkt Elodi gar nicht. Sie ist in Gedanken bei Dolores und der Mauer. Morgen wird sie es tun.

Auch der nächste Tag ist sonnig. Dieses Mal wartet Elodi nicht bis zur Dunkelheit. Sie geht früh morgens hin und betritt das Stadion durchs große Tor. Gerade findet das morgendliche Training statt. Dolores ist immer noch da, sitzt auf der Mauer und lässt die Beine baumeln.

»Elodi, das ist eine Freistoßmauer. Keine gewöhnliche Mauer«, ruft Dolores zu ihr herunter.

Elodi klettert mit dem Regenschirm auf die Mauer. Sie wird jetzt springen. Dolores blickt zu ihr und sagt nichts. Sie lässt sie machen. Elodi klappt Papas großen Schirm auf und springt. Angebrochene Speichen, dumpfer Aufprall. Sie hat sich ordentlich was gebrochen, und der Schirm, der ist erst recht zerbrochen. Ihre Knie sind aufgeschürft, sie kann das eine Fußgelenk nicht bewegen, aber daran denkt sie jetzt gar nicht, vielmehr daran, was sie Mama sagen wird. Dolores hilft ihr aufzustehen.

»Elodi, dachtest du etwa, mensch fliegt so?« Dolores sagt ihr noch einmal, dass das eine Freistoßmauer ist. Elodi weiß nicht, was eine Freistoßmauer ist.

»Elodi, das bedeutet, dass du einfach nur springen musst, ohne dich zu sichern. Lass dich einfach fallen, versuchs noch mal, ich bin hier. Ich warte unten auf dich.«

»Nächstes Mal.«

Elodi setzt sich aufs Fahrrad, ihre Knie tun beim Treten in die Pedale weh, in einer Hand hält sie den kaputten Regenschirm. Elodi kann sogar freihändig fahren. Sie wartet, bis es dunkel wird. Diesmal lehnt sie das Bike ordentlich an die Wand. Sie geht ins Haus und stellt den Schirm zurück hinter den Schuhschrank, schafft es gerade so, ihn in den Spalt zu schieben. Hoffentlich regnet es nicht. Es regnete nicht, und selbst wenn es regnete, nahm Elodis Vater keinen Schirm mit, nicht ein einziges Mal. Er geht fast nie zu Fuß. Jetzt muss sie hoch gehen, zu den anderen. Es ist halb acht, Zeit für das Nachrichtenprogramm *Dnevnik*. Alle glotzen schweigend. *Elodi! Was ist mit dir passiert?*, fragt Mama sie. Elodi sieht zu Oma, *schau mal da*, sagt Elodis Oma zu Dejan, der die *Macht* in der Hand hält, wie Elodis Vater die Fernbedienung nennt. Alle verstehen – Oma.

»Bin vom Fahrrad gefallen.«

Elodis Mama schreit sie an, Oma begutachtet die aufgeschürften Knie und dreht das schmerzende Gelenk um. Ist nicht so schlimm, lass sie in Ruhe, sagt sie zu Elodis Mama. Die Nachrichten sind zu Ende. Elodi muss heute unten auf einer Matratze schlafen, weil Nino letzte Nacht in Elodis Bett, in dem sie gemeinsam schlafen, eingepinkelt hat. Elodi wehrt sich nicht, sie kann überall schlafen, sie weiß, dass sie vom Sprung träumen wird.

Dolores und ich finden eine Matratze vor dem Müllcontainer in der Stadt, in der ich miete, was ich als mein Haus bezeichne. Manchmal kann ich mir nicht verkneifen, den Dingen einen Namen zu geben. Ich nenne die Wohnung Küche. Die Familie Hund. Die Matratze Bett. Meine Freundinnen schlafen auf der Matratze. Sie ist gut erhalten, blau, eine hat gesagt, *das ist doch eine Kindermatratze*. Ähnlich wie die, auf der Elodi diese Nacht schläft. Sie wurde hergestellt von *Vutex* wie Vukovar, *Vutex* wie Jugoslawien. Die Matratze ist bequem, beinahe *sozial* modern wie die Cafés. Wir organisieren uns. Dolores findet die Aktion zwar blöd, bleibt aber widerwillig neben dem Container stehen, während ich das Auto hole, denn Dolores fällt im Traum nicht ein, die Matratze mit mir durch Dorćol zu schleppen. Wir diskutieren. Sie stimmt nicht zu, aber sie **bleibt**, um neben dem Container auf mich zu warten. Wir laden die Matratze ein, durch den Kofferraum über den Hintersitz, wir schieben, bis sie an die Decke des Autos stößt. Sie ist bequem. Quietscht nicht. Sie ist einfach zu tragen und leicht zu verschieben, so wie wir. Ich liege auf dem anderen Ding, das ich Bett nenne, es sind eigentlich zwei zusammengeschobene, kaputte Sofas. Mit einem Spalt zwischen den beiden Hälften. Dort liege ich eingeklemmt, wie auch jetzt. Betrachte die Matratze. Jetzt können meine Gäste auf der Matratze übernachten und sozialistisch träumen. Und ihren internationalen Sex auf ihr haben. Wie Dolores. Damals, als ich ihr den Schlüssel ins Restaurant des Hotels Prag gebracht hatte. Dolores bevorzugt luxuriöse Matratzen in den Polsterbetten teurer Hotels. Dolores liebt dicke Matratzen in Hotels mit dünnen Wänden. Ach ja? Ich bin zwischen üppigen, von Deutschen gebauten Lehmwänden aufgewachsen. Meine Vorfahr*innen, wenn ich das so schreiben kann, haben nicht gebaut, sie sind in stabile, feste und starke Mauern eingezogen. Wurde ihnen zugeteilt. Und mir haben sie beigebracht, meine Mauern nach dem Vorbild derer zu errichten, die vor Kraft und Sicherheit nur so strotzten. Dieser Imperativ für Härte und Stärke amüsierte mich jedes Mal, wenn ich versuchte, auch nur ein Mäuerchen zu errichten. Trotzdem sind Ruinen unser Spielhof. Dolores lernt, Grenzen hochzuziehen. So ist sie sicherer, so kann ich sie nicht verletzen, so kann überhaupt nichts zu ihr vordringen. Sie bringen ihr bei, dass Wände wichtig sind. Und dass gewisse Dinge, zum Beispiel *Wir*, zwischen den Wänden verbleiben sollten.

Zwischen den Wänden sind luxuriöse Matratzen auf Polsterbetten platziert, im unendlich weißen und schaumigen Bettzeug in einem Zimmer, dessen Morgen wegen der blendend weißen Bettwäsche hell sind, und wegen ihres Duftes, der nicht von der Straße kommt, dafür knipsen sie von der im Fensterrahmen gefangenen Straße das Titelbild einer teuren Innendesign-Zeitschrift.

Eine Frage des Stils, sagt Dolores. Sex ist eine Frage des Stils. Und ich widerspreche nicht, sie hat Recht, so ist es. Auch die blaue Matratze, die wir von der Straße hochgeschleppt haben, ist eine Frage des Stils. Sie dreht sich weg, wenn ich das sage, derart: ich übertreibe wieder und nerve sie. Die Matratze lag vor dem Container in Dorćol. Wir waren ein bisschen angetrunken und ein bisschen müde. Sie bekommt nie genug, hast du das bemerkt? Wie du einfach nie genug bekommst. Zwischen den Wänden steht das Bett. Es war mal ein französisches Bett. Das, was ihre Eltern vor dreißig Jahren Ehebett nannten, das, worauf wir beide gezeugt wurden. Die Wand ist echt, wir berühren sie beide. Wenn sie nicht da wäre, hätten wir zumindest zwei Single nebeneinander, oder eine Matratze. Auch für unsere Eltern war das französische Bett kein Ehebett, wir wollen keine Lügen erzählen. Die Wand ist dünn. Nicht wie die Wände, die vor uns gebaut wurden. Viel dünner. Wir hören uns gegenseitig, tiefes Einatmen, kurzes Ausatmen. Wenn ich ihr zuhöre, fürchte ich, sie könnte alles einatmen und für den nächsten Atemzug bliebe kein bisschen Luft übrig. Laut einem alten chinesischen Sprichwort haben wir eine genaue Anzahl Atemzüge zur Verfügung, die für unser Leben vorherbestimmt und reserviert ist, je gieriger und schneller wir ein- und ausatmen, desto eher erreichen wir den letzten Atemzug.

Ich mache Notizen über deutsche Wände und französische Betten, Dolores duscht auf der anderen Wandseite. Dort, wo nichts zu sehen, aber alles zu hören ist. Ich finde es interessant, *Telling Stories* von Tracy Chapman zu hören. Dolores findet das langweilig. Dolores würde mich gern hören. Dann mache ich Arsen Dedić an, weil es heute genau ein Jahr her ist, seit er gestorben ist: *Sag mir, ob du heute Abend in der Lage bist, alles zu verlassen, dein*

Haus, Gewohnheiten, Menschen, loszugehen und nicht zu wissen wohin. Sollen sie uns doch alle mit Hass hinausbegleiten, aber Liebste das Leben wartet, es ist soweit, dein neues Zuhause wird die ganze Welt sein ... Dolores findet auch das langweilig, sie kennt Arsen nicht einmal.

Ich würde gern über die Hotelbetten sprechen, in denen sie geschlafen hat. Würde gerne den Matratzen zuhören. Dolores duscht, dann schweigt sie viel über kosmische Themen mit abgerissener Narration. Wegen der Pausen wirkt sie ernst, zu lange Pausen für meine kurze Geduld. Ich bin erschöpft vom vielen Warten, vom Tempo, das mich ausbremst. Ich will über Hotelzimmer, Betten und die Matratzengeschichte reden. Sie möchte nicht über Betten und Matratzen reden. Was gibts da überhaupt zu reden. Später überlegt sie es sich anders und sagt, wir könnten über alles reden. Was nicht stimmt. Dann erzählt sie mir, wie sie vor zwei Jahren in Slowenien mit einer Geliebten in der Sauna war und wie geil sie dort war, alle um sie herum waren extrem geil. Extrem geil. Geilheit ist ansteckend. Sie fängt die Geschichte mit nebensächlichen Details an. Mit Laub. Sie dreht sich im Kreis. Vergleichbar mit dem Laub im Lied *In diesem Sombor*, zerstreute Häufchen auf den Straßen. Sie beschreibt den Luxus des Thermalbads, Menschen, die in der Saunalandschaft nackt umherlaufen, nackt zum Frühstück gehen, nackt zum Mittagessen, nackt zum Abendessen. All das beschreibt sie im Detail. Sie mochte es, sich im feuchten Badezimmer aufzuhalten. Sie beschreibt Badewanne, Fliesen und Hahn. Wasserstrahlen. Wasserstrahl. Redet drum herum. Während sie spricht, atmet sie ganz korrekt ein und aus. Sie lässt sich nie aus der Fassung bringen. Überlässt es mir, die Handlung nass zu machen. Wichtig ist der Stil. Das Interieur. Die Wasserstrahlen. Die vergoldeten Hähne. Thermen, teure Thermen, die am Wochenende mit ihren Geliebten besucht werden ... Immer nur mit den Geliebten. Als hätte sie niemals auch eine Freundin, anders gesagt: eine Kameradin in der Geliebten kennengelernt. Auch ich mag jetzt nicht mehr sprechen. Über Matratzen nicht mehr. Und auch über Wände nicht. Ich könnte höchstens noch über Džezven reden. Über die Geschichte jeder einzelnen Emaillekanne, die ich beim Auszug aus einer Mietwohnungsküche zurückgelassen habe.

Das war Sex.

Ich schenke Leuten Aufmerksamkeit, die ich bis jetzt nicht so aufmerksam wahrgenommen habe. Ich möchte die Leute um mich herum verändern. Möchte ihnen zuhören. Wir wissen gar nichts übereinander, meine glatten Nägel und Fingerkuppen verlangen danach. Baka Ruža, die eine Tür weiter lebt, zeigte mir heute ihre goldenen Schuhe, sie passt gut auf sie auf. Ihr Liebhaber ist darauf getreten, unterm Tisch im Restaurant, wo sie sich vor vierzig Jahren kennengelernt haben. Goldene Schuhe, die sie kaputt gemacht haben, heute lebt sie in einer Wohnung ohne Strom und wird von Gerichtsvollzieh*erinnen gejagt. Er ist gestorben, Herzinfarkt. Bis zum Ende waren sie Geliebte. Zehntausend Dinar Sozialhilfe bekommt sie pro Monat. Sie hat niemensch. Sie haben meinen Bruder. Mit Absicht benutze ich nur das Pronomen. Wir beide, Baka Ruža und ich, haben jetzt uns. Ruža erzählt vom Belgrad der Siebziger, zählt die Restaurants auf, sie aß gern Fisch. Er war verheiratet, seine Kinder sind irgendwo drüben, Amerika, Australien. Er arbeitete in der Jugoslawischen Bundesregierung und sie war seine Liebhaberin. Sie badet bei mir, schaut den Sender *Pink*, wir essen zusammen Mittag. Jeden Morgen erzählt sie mir, was sie geträumt hat, sie drängt mich, etwas zu essen. Wir frühstücken, ich sehe mir die ganzen Klagen an, wegen Nebenkosten, Telefon und Strom. Baka Ruža denkt über Strom nach und den Antrag auf erneutes Anschließen, den wir gestellt haben. Sie fragt mich alles, sagt, ich kann das überhaupt nicht mehr lesen und verstehen. Der Antrag wurde mit folgender Begründung abgelehnt:

Weil die Bezahlung verbrauchter Stromenergie die einzige Einnahmequelle ist, welche ein Funktionieren des komplexen Systems der Energiewirtschaft Serbiens ermöglicht, einschließlich aller Strukturbereiche, die für die Herstellung von Kohle, für die Produktion von Elektroenergie in Wasser- und Heizkraftwerken sowie für die Distribution elektrischer Energie verantwortlich sind. Unzureichende finanzielle Mittel würden die Sicherheit der Stromversorgung aller Bürger sowie die Wirtschaft Serbiens gefährden.

Auch wenn wir die unangenehme Situation verstehen, in der Sie sich befinden, informieren wir Sie in Übereinstimmung mit der weiter oben angeführten Begründung darüber, dass wir außerstande sind, Ihrem Antrag auf Gewährung einer Ratenzahlung der Schulden positiv zu entsprechen.

Hochachtungsvoll.

Auch abends sitzen wir stundenlang beisammen, ich höre Ruža zu. Kürzlich hat sie in ihr Zimmerchen einen älteren Herrn aufgenommen, für zweihundert Dinar pro Tag schläft er tagsüber bei ihr. Den vierten Tag ist er jetzt schon da, aber sie darf ihn nicht fragen, was er von Beruf ist, sie sagt mir, es sei nicht höflich, solche Sachen eine Person zu fragen, die du nicht kennst. Dann fragt sie sich, was das wohl für eine nächtliche Arbeit ist, sie fragt auch mich.

»Vielleicht ist er Portier, Wächter.«

»Vielleicht«, sagt Baka Ruža, »er bringt aber Kleingeld in Tüten mit, ein merkwürdiger Mensch. Er wird Burduš genannt, weißt du, nach dem Schauspieler.«

»Kenn ich nicht.«

»Wie, du kennst ihn nicht, das ist ein berühmter Schauspieler.«

Ich schaue später bei Google nach, aha, stimmt, ich kenne ihn.

»Also ja, so einer ist dieser Burduš, kein Mensch weiß, was der macht.«

Baka Ruža ist fast achtzig, sie ist unverheiratet, hat keine Kinder, wohnt in einer Wohnung zum Hinterhof mit Mietrecht. Sie ist krank. Das Treppensteigen fällt ihr schwer, jeder Schritt ist anstrengend für sie. Baka Ruža *gefährdet die Sicherheit der Stromversorgung aller Bürg*erinnen Serbiens.*

Sie denkt nach und raucht, sie sagt Mein lieber Gott, was werden sie wohl antworten. Alles wird gut, antworte ich, das verspreche ich Ihnen. Baka Ruža wohnt im Hinterhof in einer kleinen Wohnung, bei der der untere Teil der Toilettentür fehlt, sodass die Kloschüssel zu sehen ist. Wenn es schneit, bauen wir einen Schneemenschen in ihrem Hof. Baka Ruža singt für meinen Hund *Sie trägt ein feines Mäntelchen, hat Lidstrich aufgetragen, lackierte schwarze Stiefelchen, und noch dazu mit Stöckeln* und sagt zu mir, mach dir keine Gedanken, du wirst sehen, die Zeit verfliegt, und schon ist Silvester. Hast du schon Pläne für Silvester, fragt sie mich. Die Zeit verrinnt so schnell, Freitag, Samstag, und so weiter. Dann sagt sie noch, es ist nicht gut, Geld beim Automaten abzuheben, weniger als tausend Dinar kann ich da nicht abheben.

Ich habe mich bemüht, zu gefallen und mich anzupassen. Meine Psychologin versucht mir immer wieder zu sagen, dass nicht ich ihnen genügen sollte, sondern sie mir. Baka Ruža gefalle ich, sie versteht mich. Sie sagt, mein Kopf sei voller Farben. Mein Kopf sei wie ein Garten. Ich sei anders als die anderen. Sie werde mir morgen Blumen kaufen, wir wohnen gleich neben dem Markt, und meinen Hund in den Salon bringen, er hat zu lange Nägel, sagt sie.

»Baka Ruža, wollen Sie in meinem Roman vorkommen?«

»Klar, warum nicht.«

Machen wir also live weiter:

»Als meine Mama aus Kroatien hierherkam, hat der verstorbene Dragan sie gefragt, also der, mit dem ich elf Jahre zusammengelebt habe: Also gut, Jovanka, du hast alles deinem Nebojša gegeben, das Haus und alles, er ist dein Sohn, aber auch Ruža ist doch deine Tochter, mit diesem anderen Mann, den sie hatte; Warum hast du ihm alles gegeben, warum hast du nicht aufgeteilt, eine Hälfte für Nebojša, die andere für Ruža, oder etwa nicht? Er brauchte es eben, sagt sie. Aber bist du ihre Stiefmutter oder ihre Mutter. Stell dir vor, solche Fragen hat er meiner Mutter gestellt. Ich liebe doch auch meine Ruža, deswegen habe ich ja meine 350 Euro Rente mitgebracht, damit wir hier bei ihr in Belgrad zusammen leben können. Na gut, aber das ist nicht das gleiche, sie hat meinem Bruder alles gegeben und mir nichts. Also, wenn du nur einen Euro von Zuhause genommen hast, das habe ich auch. Sie ist mit ihren 350 Euro Rente hergekommen, um mit mir zusammen zu leben, so viel hab ich damals als Gehalt bekommen. Ich arbeitete zu der Zeit, hab mich um Andrejs Mutter gekümmert, er ist, arbeitet, irgendein Direktor bei der Eisenbahn oder so, Petac, er ist Slowene. Ich hab mich um seine Mutter gekümmert und 350 Euro Gehalt dafür bekommen.«

»Erzählen Sie mir, wie Sie bei der *Borba* angefangen haben?«

»Naja, als ich meine, wie heißt das noch mal, Bewerbung mitbrachte, da haben sie mich dort genommen.«

»Warum denn gerade dort?«

»Na, ich weiß warum, nicht genau dort, sondern es gab eben eine freie Stelle, wie soll ichs dir sagen, ich hab so eine Erkennungsmarke, Badge oder wie das heißt.«

»Von *Borba*?«

»Ja.«

»Die *Borba* erscheint nicht mehr.«

»Ich weiß, sie haben sie dichtgemacht, wer hat jetzt noch mal diese Zeitung übernommen.«

»*Novosti* wahrscheinlich.«

»*Večernje novosti*? Ja, und die *Politika*, erscheint die noch?«

»Ja, die erscheint noch.«

»Erzählen Sie mir mal, wie sich mensch damals auf eine Stelle bewerben konnte.«

»Also früher war das so, wenn es eine offene Stelle gab, machten sie eine Ausschreibung, du bewirbst dich, aber ob sie jetzt fünf oder zehn nehmen, das hängt ganz davon ab, wie viele sie brauchen. Ich stand immer um vier Uhr zehn auf und nahm die erste Tram, um zur Arbeit zu kommen. Damals habe ich in der ulica 14. Decembra gewohnt, oben beim Roten Kreuz. Naja und bis zwölf musste ich dann halt arbeiten. Morgens um viertel vor fünf hab ich meine Karte an dieser Uhr in der *Borba* gestempelt, dass ich zur Arbeit gekommen bin, und dann hab ich bis zwölf Uhr weitergearbeitet. Dann haben wir die Zeitungen dorthin gefahren, wo die Polente war, Tito, du weißt schon, in der Užička 23, unser Kleinbus, dort war die Polente, und der Wächter dort im Häuschen, und naja, dann haben wir eben das ausgefahren, auch die vertraulichen Briefe, sie spricht leiser, für den Präsidenten Tito, früher, weißt du, haben wir auch die Post und so weiter. Ja, so war das.«

»Und was haben Sie dort genau gemacht bei der *Borba*?«

»Ich hab dort allgemeine Aufgaben erledigt.«

»Wie haben Sie Dragan kennengelernt?«

»Dragan habe ich an einem Abend am Vuk-Denkmal kennengelernt, weißt du, das *Euer Heimatland*, oder wie das heißt, *Unser Heimatland*, am Vuk halt. Kennst du es, mit der Glaswand?«

»Kenn ich nicht.«

»Am Vuk, kennst du nicht?«

»Okay, am Vuk also.«

»Dort, in dem Restaurant *Euer* oder *Unser Heimatland*, dort hab ich ihn kennengelernt. Ich zeig dir meine goldenen Schuhe, er hat sie völlig zerkratzt, weil er unter dem Tisch dauernd draufgetreten ist, und dann gibt er mir, gibt mir seine Nummer von zu Hause, von zu Hause hat er mir die Nummer gegeben! *Verheiratet bin ich, wie ein Jüngling leb ich*, nach dem Motto.«

»Und dann?«

»Dann lernten wir uns kennen und fingen an auszugehen. Ich saß nicht so zu Hause herum wie jetzt, und er, ich meine verstehst du, wilde Jugend, wir gingen in Restaurants und so was, überallhin. Weißt du, wohin er mich ausgeführt hat? Da unten, wo dieser Doktor von ihm war, wie hieß der noch mal, er arbeitete im Zemuner Krankenhaus, Vlada hieß er, oder so ähnlich. Er hatte einen Freund da unten, der da arbeitete, und dort gingen wir hin, nach Zemun, an den Kai, da trafen sie sich immer, wir sind also da ausgegangen, in dieses, hilf mir mal, dort wo es Calamari vom Grill gibt, gegrillten Fisch und so …«

»Meinen Sie vielleicht das *Šaran*?«

»Ich weiß nicht, das direkt an der Ecke, am Wasser. Und ich liebe ja Sterlet, der hat keine Gräten, weißt du ...«

»Hat er denn gearbeitet?«

»Ja, in der Bundesregierung, seine Familie hatte Rote Bücher, sein Vater war pensionierter Oberst, er hat hier studiert, Wirtschaft, kam eigentlich aus Gacko, also aus Bosnien. Er wohnte in der Požarevačka 9. So war das, mehr gibts nicht zu erzählen.«

Ich fuhr gern mit dem Bus, wenn er halbleer war, ich setzte mich in die letzte Reihe. Die Welt kam mir dann weiter vor. Dolores fährt nicht mit den Öffentlichen, sie geht überall zu Fuß hin, Rad fährt sie für die Kondition und wegen des Lifestyles. Darin ist sie richtig gut und kennt alle kleinen Nebenstraßen, wenn sie anfängt, mitten im Zentrum Slalom zu fahren, habe ich immer Angst um sie. Belgrad ist keine sichere Stadt. Ich schaue immer wieder aufs Telefon, um zu sehen, ob ich nicht eine Nachricht bekommen habe. Das letzte halbe Jahr bin ich auch nicht mehr Öffentliche gefahren, weil ich Angst davor habe, auf die gleiche Art, wie ich vor Toiletten- und Fahrstuhlkabinen Angst habe. Baka Ruža fährt überhaupt nicht, sie läuft mit einem ballförmigen Knie – wie mit der Fahrradpumpe aufgepumpt – und hat ein Plastikteil in der Hüfte.

Nach ein paar Tagen entschloss sich Baka Ruža, Burduš nach seinem Beruf zu fragen. Er bettelt nachts, sagt sie mir, er trägt einen Stock bei sich, und weißt du, warum? Um sich zu verteidigen. Sie fragt mich auch, ob sie seine Hemden bei mir waschen dürfe, dürfen Sie, Baka Ruža, heute Abend machen wir das, dann ist es billiger.

Silvester zweiundneunzig – dreiundneunzig. 31. Dezember. *Pure pain.* Doch ich werde diese ganzen Wände auffressen. Die Wände haben meine Nägel eingekreist. Am liebsten würde ich es millionenfach wiederholen Nägel, Nägel, Nägel. Was ist aus unserem Wir geworden? Ich beobachte, wie die Veränderung meinen Unterleib verwandelt, wie die Eierstöcke sich verkrampfen. Alles ist weiß, auch mein Gesicht ist weiß. Das soll *ich* sein? Ich bin aus dem Fahrstuhl herausgetreten, auch aus der Toilette, aus den Öffentlichen, aus allen Kisten. Irgendetwas habe ich vergessen, etwas Wichtiges. Die Hausschuhe. Ich laufe in Schuhen durch die Wohnung, bewege mich vorsichtig zwischen den Kisten. Ich müsste mal auspacken, einen Tee kochen. Aber das Ding in meiner Hand ist nicht die Džezva, es ist ein Gegenstand, eine Emaillekanne, fühlt sich fremd an. Ich lache. Sei jetzt nicht traurig. Die Džezva ist all das. Obwohl ich doch weiß, dass es nicht die Džezva ist. Ich sehe die Kartons durch, die Džezva habe ich dort gelassen, hinter mir. Ich stelle mir einen Fünfjahresstapel vor, mit einer Džezva auf dem Gipfel. Ein fünf Jahre alter Haufen und obenauf liegt die rote Džezva. Wie eine Kirsche auf der Torte. Ich finde dieses Klischee sympathisch. Es gefällt mir gut an der Stelle. Wir sollten das tun, was uns gefällt, egal, was andere über uns denken. Am liebsten würde ich jetzt all diese Jahre aufessen. Ein Stapel aus fünf Jahren. Jahre, die die Džezven zum Kochen gebracht haben.

Irgendetwas hindert mich hartnäckig am Schreiben über … Daran, mich auf den Lauf der Erzählung vom Silvesterabend zweiundneunzig einzulassen, so wie ich das bisher getan habe. Die Kindheit kann nur in der dritten Person stehen, ziemlich narrativ für meinen Lesegeschmack, ich würde ihr gern einen anderen Platz geben, eine andere Autoreferentialität. Ich habe es ausprobiert, sie bleibt aber dort, egal was ich mache. Meinen Eltern zufolge ist gar nichts passiert am 31. Dezember zweiundneunzig. So, wie ich sie in Erinnerung habe, denn nach so vielen Jahren bin ich nicht mehr Elodi, schätze ich, sie hätten gesagt, dass ich bummelig bin. Nicht zu ändern, wenn du ein bummeliges Kind bekommst, bekommst dus halt, sagt mein Vater. *Wie ist dir das bloß alles wieder eingefallen, ich erinner mich wirklich nicht an den Kanal, auch nicht an die Wiese und ans Schwimmbad.* Oder er würde einfach gar nicht reagieren, ist doch alles nicht wichtig. Dolores kann ich nicht in der Geschichte **verlassen**. Mir ist danach, Oksanas Worte hinauszuschreien: Das ist doch nur »ein Fick nach dem anderen, mit allen dazugehörigen Merkmalen, als hätte sich irgendein*e außenstehende*r Drehbuchauto*rin im Voraus um die genremäßige Reinheit des Sujets gekümmert (noch dazu, wie sich schnell herausstellte, misslungene Ficks!), aber, verdammt noch mal, wir haben nicht umsonst ein großes schöpferisches Potenzial, das können wir mit links – die missratenen Ficks in eine tragische Liebe verwandeln, in deren Handlungsverlauf wir uns in einen gänzlich suizidalen Zustand bringen.«[2] Was nun folgt, sind nicht mehr Oksanas Worte, und die dritte Person sind nicht nur Stadion, Wiese und Schwimmbad, in Wirklichkeit ist die dritte Person eine Kinderbibliothek, die sich gegenüber des Šećerana-Hauptverwaltungsgebäudes befand. Dort arbeitet Bibliothekarin Stana. *Sie war nie verheiratet und hatte keine Kinder.* Für die Rente hatte sie zwar genug Jahre zusammen, aber leben konnte sie nicht ohne ihre Kinderbücher und die Kinder, die sie von der Straße sammelte, so wie sie mich aufgesammelt hat, wie Elodi zum Beispiel. Meine Zigarette geht ständig aus und auch das Feuerzeug ist am Abnippeln, zum zehnten Mal zünde ich die Restzigarette an, ein Zug, Kippenstummel. Pro Nacht rauche ich eine Packung. Bibliothekarin Stana bekam ihr Gehalt ebenfalls von der Zuckerfabrik, und ich bekam, ebenso wie Elodi, einen Bibliotheksausweis. Wir waren fasziniert von Ante Staničićs *Kleinem Piraten* und Vančo Nikoleskis *Zaubersattel.* Damals waren sie schon nicht mehr Teil der Schullektüre, aber immer noch Teil der Lektüre von Bibliothekarin Stana. Ich flüchte mich in die dritte Person, hatte eigentlich vor, auch hier davonzulaufen. Aber ich will nicht mehr davonlaufen. Stattdessen: So mach ich es nicht. Ganz einfach: Ich weigere mich. Dieses Schreiben für andere, um den Leuten etwas zu erklären. Als ob ich stark wäre und alles ohne Hilfe könnte. Den Teufel werd ich tun. Damit die Leute was zu Lachen haben. Eine sympathische Geschichte mit Pointe erzählen. Ich kann das auch, indem ich aus der Wohnung gehe und für meine Nachbarin, der die Hände zittern, den Zahlschein ausfülle.

2 Oksana Sabuschko: Feldstudien über ukrainischen Sex. Aus dem Ukrainischen übersetzt von DAJA. Droschl 2006, S. 142. Anm. der Übersetzerin: Bei »irgendein*e außenstehende*r Drehbuchauto*rin« wurde eine genderismuskritische Änderungen gegenüber der originalen Übersetzung vorgenommen.

Fahren wir also fort, 31. Dezember zweiundneunzig. Nun kann ich mich an alles erinnern, jetzt da alles vorbei ist. Vielleicht rettet das meine Eltern vor der linearen Erzählung. Ich könnte ihnen hier die Zeit zurückgeben, in der Zwischenzeit habe ich viele Metaphern verbraucht, ich bin auch nicht mehr die Hauptperson, das ist immer noch Elodi. Ich meine, *Hauptperson* ist kein sonderlich präzises Stichwort, sie ist eher wie eine Heldin. Auch dieses *wie eine* kann ich nicht mehr benutzen. Wir werden jeden Tag dazu gezwungen, Held*innen zu sein, um zu überleben, aber das muss keine*r von uns, nicht einen einzigen Tag. Haben mich meine Eltern verraten, als sie ohne mich zur Silvesterfeier gingen, obwohl sie mir versprochen hatten, mich mitzunehmen. Silvesterfeier der Gewerkschaft, 31. Dezember zweiundneunzig. Gewerkschaftsfeiern mit den engsten Freund*innen. Ein Foto dieses Silvesters hängt gerahmt im Wohnzimmer. Obwohl ich die Worte *Wohnen* und *Zimmer* überhaupt nicht fühlen kann. Ich stelle nur fest, dass dort ein Foto hängt, auf dem Mama und Papa glücklich sind, Papa hat Mama umarmt und sie lacht. Sie ist geschminkt und trägt ein buntes Komplet, ja, ich denke so heißt das. Sie wissen nicht, dass ich mich anziehe. Aufstehe. Mich wasche. Dass ich auf und ab gehe. Den Parkplatz suche, weggehe, wiederkomme. Warum verknüpfe ich sie überhaupt mit dem Wort *Eltern.* Auch dieses Wort mag ich eigentlich gar nicht. Gewerkschaftliche Organisierung der Silvesterfeier nannte sich das. Auch die Wörter *Mutter* und *Vater* sind relativ. Eine Familie wird nicht geboren, eine Familie entsteht. Auch das Wort *Familie* ist *inadäquat*, weil es mit mythischen Auslegungen überfrachtet wurde. Naja, was soll ich sagen, wenn sie mich in der Nacht zurücklassen konnten, kann ich sie in dieser Geschichte ebenso zurücklassen – warum sollte ich das nicht können?

Voilà:

Elodi ist sieben Jahre alt und hat gerade Winterferien. Der Nachbar, der in Österreich arbeitet – er ist nur Nachbar an Feiertagen –, hat aus Österreich Tannenbaumkerzen mitgebracht. Elodi hat ihr bestes und schönstes Rüschenhemd und einen ockerfarbenen Cordrock angezogen. Weiße Strumpfhosen und kleine schwarze Lackschuhe. Sie hat sich sogar eine Spange ins Haar gesteckt. Sie steht im Türrahmen, wartet hinter dem Tannenbaum mit Kerzen aus Österreich auf sie. Elodi gefallen die Kerzen nicht, sie mag die anderen lieber, die Kerzenimitate mit kleinen Flammen. Solche, wie sie Tanja hat. Aber das ist jetzt nicht wichtig, Elodis Vater hat gesagt, er gehe schon mal das Auto aus dem Hof bugsieren und ist als Erster draußen. Elodis Mama ist im Badezimmer und legt Rouge auf.

»Papa, ich komm mit und helf dir, das Auto zu bugsieren.«

»Elodi, es ist kalt draußen, warte lieber auf Mama.«

»Gut«, antwortet Elodi ihm und zieht die rote Jacke mit Schnallen an. Sie wartet auf Mama. Oma ist auch da, schaut fern und gibt sich Mühe, Elodi nicht anzusehen. Oma weiß Bescheid.

Im Fernsehen läuft das Neujahrsprogramm. Dragana Mirković singt das Neujahrslied: *Euer Leben soll wie eine Blume blühen und das Jahr dreiundneunzig Glück bringen.* Mama kommt endlich aus dem Badezimmer, sie stolziert vor den Spiegeln, die Wohn- und Esszimmer trennen. Sie schreitet in Richtung Flur, wo an der Garderobe Mantel und Fuchspelz hängen. Elodi fürchtet sich vor dem Fuchs, weil er Augen hat. Eine ganze Wand aus Spiegeln, aber in keinem einzigen sieht sie Elodi. Sie lacht und betrachtet sich.

»Mama, gehen wir los? Papa wartet schon im Auto.«

Ihre Mutter blickt einen Moment zu Elodi, als erinnerte sie sich an etwas, das sie völlig vergessen hatte.

»Elodi, Papa und ich gehen kurz rüber und kaufen Zigaretten, wir kommen dich dann holen, warte hier auf uns.«

Sie schlüpft in den Mantel, bindet den Fuchs um den Hals, dreht sich noch einmal zum Spiegel und betrachtet sich, diesmal im Flur.

Sie sind nie zurückgekommen, um mich mitzunehmen. Elodi ist 15 und 22 Jahre alt. Sie fehlen ihr. Sie ist nicht mehr so klein und weiß bereits, dass sie mit einer Schmerzvollen zusammenlebt. Die ist immer da, manchmal versteckt sie sich hinter dem Vorhang, manchmal in den Schubfächern zwischen den Socken, sie kommt sogar zum Küchentisch, und dann weinen sie stundenlang, laut und allein, und kauen an der Wand. Die Angst war groß, groß wie ihre Erwartungen an mich.

Am nächsten Tag war Elodi sauer auf Papa. Das Schweigen zwischen beiden endete damit, dass er sie in die Ecke schickte, dort hinter die Tür. Das machte er jedes Mal, wenn Elodis Mama wieder anfing, wegen Elodis Benehmen Panik zu schieben. Zwei Wände, eine Tür – Pyramide. Elodi sitzt dort stundenlang, 1. Januar dreiundneunzig.

Ich hatte mir gewünscht, mit Papa mal am Kneipentisch zu sitzen, mir eine Zigarette anzuzünden und zu trinken, ich wollte, dass wir beide trinken. Heute bin ich nicht sicher, ob ich mir das immer noch wünsche. Ich trinke nicht mehr. Mache mich auf den Weg nach Hause. Doch zu Hause ist heute überall.

Dolores hat mir zu einem unserer gemeinsamen Silvester eine rote Unterhose mit Sternen darauf geschenkt. Eine Neujahrsunterhose mit weißen Baumwollsternchen hinten und Elchen aus Gummi vorne. Sie sind unter dem Etikett *Frauengeheimnisse (combining feminity and sexiness)* aufgenäht. Die Unterhose brachte mir in den darauffolgenden Jahren neue Weiblichkeit, die sich vor allem in den vorne schräg zulaufenden Einschnitten widerspiegelt, ähnlich wie bei sogenannten Männermodellen, wobei die Elche zwischen den Einschnitten reiten. Von ihr übrig geblieben sind nur die weißen Sternchen, die rote Neujahrsunterhose ist in die ewigen Jagdgefilde übergesiedelt. Mein Hund hat sie aufgefressen.

Als sie von der Neujahrsparty der Gewerkschaft frühmorgens zurückkamen, brachten sie Elodi zwei Kugeln mit, Discokugeln, allerdings aus Papier, sie bestanden aus hunderten Origami-Kranichrümpfen ohne Flügel, die zusammen die Kugel bildeten, die eine war gelb, die andere rosa. Auf den Gewerkschaftssilvesterpartys wurden für gewöhnlich Tombolas organisiert, aber die Discokugeln aus Papier kamen nicht aus der Verlosung. Mama hatte einen Merkur-Gutschein gezogen und Papa einen Tischkalender – für das Jahr dreiundneunzig. Die papiernen Discokugeln nahm Papa morgens herunter, als er schon neujahrsbetrunken war, sie hingen als Deko in der Kantine. Das war das Geschenk für Elodi. Sie hängte die Kugeln neben das leere Futteral von Schlagstock, Pistole, Handschellen und Abzeichen, ja, auch ein Abzeichen war dabei. Die Origami-Kraniche fielen jedoch von den Kugeln ab wie Papierflugzeuge – während all der darauffolgenden neuen Jahre, bis heute. Soeben ist auch das letzte gelandet.

Die*der Schiri pfeift ab.

Der Geruch abgestandener Morgen breitet sich im ganzen Zimmer aus. Das Handy klingelt. *Fuck*, ich muss rangehen, *Entschlossene* steht auf dem Display.

»Hör mal Kleine, musst dir gar keine Sorgen machen, ich komme gerade aus dem Ersten Gericht, die Kellnerin hat ausgesagt, und alles deckt sich mit deiner Aussage. Ich habe mir den Fall eben noch einmal angeschaut. Wir sind durch. Das müssen wir feiern. Du bist echt … Hey, das heißt, wir haben alles getan, was wir machen konnten, kapierst du? Hab ich dir nicht gesagt, dass es so ausgehen wird? Komm, mach dich fertig und wir gehen irgendwo hin. Bist du noch auf deinen Beruhigungstabletten?«

»Nee, auf dem Sofa.«

»Na dann trinken wir Schnaps.«

»Okay.«

Mir ist überhaupt nicht nach weggehen zumute, aber die Entschlossene ist entschlossen. Schlussendlich stimme ich zu. Ich dusche eine Stunde lang. Kaltes, heißes, kaltes Wasser, den Boiler habe ich repariert, den Hahn wieder angebracht, also drehe ich ihn, warm, kalt. Das ist gut für die Brüste, für die Festigkeit, habe ich als kleiner Stift in der *HUPER* gelesen. Ich war tagelang nicht mehr duschen. Endlich Neuigkeiten.

Es ist Dezember. Dezember sind frustrierend für Elodi. Aber dies ist nicht mehr Elodi und es ist nicht derselbe Dezember, dieser hier ist anders, sie hat Baka Ruža versprochen, dass sie sie, sobald der Stress vorbei ist, zum Sterletessen einladen würde. Nach Zemun. Die Entschlossene holt uns mit ihrem Yugo ab, wir fahren über Dorćol und Brankovi langsam bis nach Zemun, zum Kai. Trotz Sommerreifen fährt die Entschlossene bis kurz vor das Wasser. Baka Ruža war seit 20 Jahren nicht mehr hier. Sogar länger. Baka Ruža kann keinen Obstler trinken, sie hat Diabetes.

»Dann nehmen Sie doch wenigstens ein bisschen Wein, Ruža«, meint die Entschlossene zu ihr.

»Sie müssen mich nicht siezen.«

Das Restaurant, in das Baka Ruža damals mit Dragan ging, hat nicht geöffnet, sie erkennt es kaum wieder. Es ist ein klarer Wintertag ohne Nebel, bis auf die Scheiben des Yugos. Wir sind noch immer im Auto. Die Entschlossene will auf keinen regulären Parkplatz, die kosten, pro Stunde. Sie kennt ein Versteck, dort ganz unten, am Ende, beim Fischrestaurant vom Ruderclub *Radecki*. Hier parken wir, gerade so. Eis und Sommerreifen, das Wasser gleich nebenan, es ist zum Greifen nahe. Und wirklich verspüre ich plötzlich den Drang, nach ihm zu greifen, nur für einen Augenblick. Alles ist völlig vereist und weiß. Wir rutschen, bewegen uns leicht, der Yugo auch. Irgendwie halten wir an, die Handbremse funktioniert nicht. Wir legen Ziegelsteine vor die Hinterreifen. Wie gut, dass es Ziegel gibt. Baka Ruža hat die goldenen Schuhe angezogen, mit ihnen wirft sie Schnee auf die Ziegel, zum Befestigen, meint sie. Die Entschlossene ist fantastisch gut gelaunt, aber diese Geste von Ruža macht sie nachdenklich, als hätte sie soeben etwas gesehen, das sie früher schon einmal erlebt hat, ohne sich genau zu erinnern, wo. Jetzt fixiert sie es, und ich fixiere den Blick der Entschlossenen, doch sie weicht mir aus.

»Das *Radecki* ist im Winter nicht offen, was is denn mit dir los.«

»Doch doch, es ist geöffnet, mensch. Ich hab alles geregelt.«

»Das soll offen sein? Wir krepieren hier noch vor Kälte.«

»Jetzt ist aber mal Schluss mit dieser ganzen Krepiererei. Ich sag dir doch, es ist offen.«

Baka Ruža geht langsam, die Entschlossene hat sich bei ihr untergehakt, wir nähern uns dem *Radecki*, ich bin mir sicher, es ist zu. Dort gibt es die beste und billigste Fischsuppe, und die Tische sind schief, wenn der volle Teller mit heißer Fischsuppe kommt, musst du schnell so viel davon essen, dass er nicht mehr überläuft. Und der Blick auf die Boote, in denen im Sommer Hunde gefahren werden. Das kenne ich. Ruža hat auch ein Komplet angezogen, ähnlich wie Mamas zu Silvester dreiundneunzig, es steht ihr gut, sie hat sich auch die Haare geföhnt. Was für eine Dame, so würdevoll, denke ich. Sie hat Augen wie meine Mutter, sie sind weder grün noch blau, und doch grün und blau, es kommt aufs Licht an.

»*Glada Vappen*«, sagt Ruža, eher zu sich selbst, zu uns. Ich weiß nicht, was das bedeuten soll.

Wir steigen die Treppe hoch, Stufen und Schnee knirschen unter unseren Füßen.

»Hier oben werden wir verrecken«, sage ich zur Entschlossenen.

»Ich hab doch schon gesagt, es reicht jetzt mit diesem Verrecken.«

Und nun folgt etwas, was sich in der Realität genau so abgespielt hat, wirklich Wort für Wort:

Ich bin überrumpelt. Das *Radecki* brennt, in der Mitte wurde ein Feuer entfacht, das ganze Team ist dort, sowohl die junge Generation als auch die Veteraninnen. Eine Band. Viele bunte Discokugeln aus Papier, die wie Fußbälle aussehen. Das *Radecki* ist brechend voll. Alle tragen Trikots, unterschiedliche. Wir gehen hinein. Als erste sehe ich Judita. Da ist die Schwarzhaarige Spindel. Und Sneki. Und Jess, es sind echt alle da. Vierzig an der Zahl. Ums Feuer versammelt. Sie singen. Ich kann nicht genau sagen, was sie singen, das darf ruhig unser Safe Space im Text bleiben. Die Entschlossene zieht ihr Hemd aus – darunter trägt sie den Dress des FFC Eintracht – und holt aus ihrer Aktentasche die kopierte Zeug*innenaussage der Kellnerin. Feierlich liest sie allen das Dokument vor. Absolute Stille. Ich bin in der Mitte, die mittlere Verbindungsspielerin. Judita, unser Anker, holt einen Ball aus dem Beutel, wir kicken ihn hin und her, während die Entschlossene die Aussage deklamiert. Unsere Aufstellung ist die gleiche wie auf dem Platz. Improvisierter Platz, Wiese. Es gibt auch improvisierte kleine Tore, Ziegelsteine. Die Entschlossene kommt zum Ende der Aussage, der Ball kommt zu mir, und ich, diesmal ist das Tor frei, schieße und treffe auf Anhieb. Alle freuen sich, als hätte ich ein Tor im Champions-League-Finale gegen Barcelona geschossen. Wir folgen unserem Ritual und umarmen uns gegenseitig, sie heben mich hoch auf die Schultern, so laufen wir im Kreis. Baka Ruža sitzt am Tisch, trinkt Weißwein, einen Teller mit Sterlet vor sich. Ohne Gräten. Sie beobachtet alles. Blickt aufmerksam zu mir und zur Entschlossenen. Ruža ist die Schiedsrichterin. Das Spiel ist zu Ende. Die Frauen fordern sich gegenseitig zum Zweikampf auf. Paarweise, zu dritt oder zu viert. Wir spielen mit dem Ball. Die Entschlossene nicht, sie setzt sich zu Ruža an den Tisch.

Ich beobachte sie. Die Entschlossene tritt ihr unter dem Tisch auf die Schuhe. Ich lasse den Ball vorbeirollen, bin gefesselt von den beiden. Das Feuer schwelt, die papiernen Discokugeln fangen an zu leuchten, leuchten uns aus, wie Scheinwerfer auf dem Platz, alle glänzen, jede für sich. Nur Ruža und die Entschlossene sitzen abseits, prosten sich zu. Die Entschlossene mit einem Obstler, sie prostet auch mir zu, ich stürze einen Schnaps hinunter, ein halbes Glas Wasser gleich hinterher. Wir kicken und ich spüre den Ball, spüre den Obstler, ich meine mit meinen Füßen, ich senke den Blick aber nicht, schaue nicht auf die Füße, ich schaue gerade vor mich. Vor mir sitzen Ruža und die Entschlossene. Ich verfolge den Ball überhaupt nicht mehr, er hat sich an mein Bein geheftet, rollt genau dorthin, wo ich ihn hinschicke, kehrt wieder zu mir zurück, und immer so weiter.

Und dann flogen wir. Ohne Training, ohne Regenschirm, ohne Helium, einfach so, als wären wir schon immer geflogen. Hoch über das Fußballfeld trugen uns die Flügel, bis wir ohne Mühe wieder auf festem Untergrund landeten. Ruža lachte. Sie flog länger und höher als wir alle. Keine von uns fiel hin oder schlug sich die Knie auf.

Das *Radecki* ist klein, kleiner als die Wiese, kleiner als der Fußballplatz, trotzdem laufen wir kilometerweit, schießen hunderte Pässe, ohne Fehler, als hätten wir unser Leben lang dieses eine Match gespielt. Und dennoch, die allermeisten Kilometer legen die Entschlossene und Ruža zurück, an Ružas Schuhen keine Spur mehr vom Gold, die Entschlossene ist entschlossen. Bietet Ruža an, sie bei den Klagen wegen der Stromlieferung und Nebenkosten zu vertreten. Gerichtsvollzieh*erinnen. Ich wusste, dass etwas passieren wird in dieser Angelegenheit. Am Ende passiert immer was.

REPUBLIK SERBIEN
INNENMINISTERIUM
POLIZEIDIREKTION
POLIZEIBEHÖRDE BELGRAD
Abteilung Öffentliche Sicherheit
Nummer: 656/15
Datum: 14.10.2015
Belgrad

AMTLICHES VERNEHMUNGSPROTOKOLL DER AUSSAGE EINER BÜRGERIN

Die Bürgerin Barzut Dragoslava, von Beruf Vergleichende Literaturwissenschaftlerin M. A., geboren am 29.09.1984 in Crvenka, Kreis Sombor, wohnhaft in Belgrad, machte am 14.10.2015 im Innenministerium, Bulevar Despota Stefana 107, 11108 Belgrad, in Verbindung mit dem Vorfall in der Nacht vom 13. auf den 14. Oktober 2015, bei dem sie im Café [redacted] von Unbekannt physisch angegriffen wurde, nach § 288, Absatz 1 Strafgesetzbuch (StGB) (*Amtsblatt der Republik Serbien* Nr. 72/11) in Verbindung mit § 286, Absatz 2 StGB gegenüber der bevollmächtigten Amtsperson des Innenministeriums der Republik Serbien die folgende Aussage, deren Aufzeichnung um 15 Uhr begann:
Am 13./14.10.2015 ging ich ungefähr um 23:45 Uhr zusammen mit [redacted] ins Café [redacted]. Wir gin-

gen in das genannte Café und setzten uns an einen Tisch in der mittleren Reihe. An der Wand rechts von uns standen einige junge Typen, ich weiß nicht genau, wie viele es waren. Es handelt sich dabei um junge Männer von höchstens 20 Jahren, ich glaube es waren Hooligans des FC [redacted], denn sie forderten bei ihrem Liedwunsch von den Musik*erinnen, dass sie das Lied den Fans des FC [redacted], also ihnen widmen sollten. Ungefähr um halb eins ging ich zur Toilette, einer von ihnen stand neben der Toilette und wir begannen uns über Fußball zu unterhalten, ich sagte, es ist super, dass sie Fußballfans sind, ich bin auch ein Fan und spiele selbst Fußball und wir Frauen mögen auch Fußball. Daraufhin sagte er, vielleicht spielen ein paar Lesben Fußball, Fußball sei aber kein weiblicher Sport. Darauf antwortete ich ihm, dass auch Lesben Fußball lieben: »Ich zum Beispiel, ich liebe Fußball«, woraufhin er mir zu meinem Mut gratulierte und wir uns, ich glaube, die Hand gaben oder er mich umarmte. Der Typ, mit dem ich gesprochen habe, ist circa 20 Jahre alt, ungefähr 180 cm groß, athletisch gebaut, durchtrainiert, kahl rasiert, er trug ein schwarzes T-Shirt und schwarze Hosen. An weitere Details seiner Personenbeschreibung kann ich mich nicht erinnern. Danach ging ich in die Toilette und dann wieder an unseren Tisch zurück.

Ungefähr um 00:45 Uhr kam ein junger Mann vom genannten Fanclub an unseren Tisch, er trug ein helles Sakko mit feinen bunten Ornamenten und fing mit [redacted] ein Gespräch an, welches ich nicht hören konnte, sie berichtete mir jedoch später, er habe sie gefragt, was wir hier machen würden, und dann habe er sie um eine Zigarette gebeten. Dieser Mann entfernte sich nach ein paar Minuten wieder von unserem Tisch.
Um ca. 01:00 Uhr kam ein junger Typ eilig auf unseren Tisch zu, er kam von draußen herein und bahnte sich den Weg durch die Menschenmenge, die sich im Café befand, wobei er uns als »Lesben« anschrie, und dann sah ich plötzlich wie er mit seinen Händen, mit seinen Fäusten [redacted], die mir gegenüber am Tisch saß, auf Rücken, Nacken und Kopf schlug. Ich stand auf und versuchte ihn verbal vom Angriff abzuhalten, ich sagte ihm: »Was soll das, hör auf.« In diesem Moment schlug er mich mit der offenen rechten Hand auf die linke Seite meines Kopfs. Durch den Schlag verlor ich das Gleichgewicht und fiel über den Stuhl, und als ich wieder aufstand, war der Kerl nicht mehr im Café, er war rausgelaufen. Da erfuhr ich von [redacted], dass derselbe Typ zuallererst einen Stuhl in unsere Richtung geworfen und mich am linken Oberschenkelknochen erwischt hat, was ich aber nicht sofort begriffen habe. Was die Beschreibung dieses Angreifers betrifft, kann

ich sagen, dass er circa 180 cm groß ist, dass er einen dunkelgrünen Anorak anhatte und ich glaube hellbraune Hosen, und dass er eine Basecap und darüber die Kapuze vom Anorak trug. Ich kann nicht sicher sagen, ob dieser junge Mann vorher in Gesellschaft der [redacted]-Hooligans war oder nicht, ich bin aber sicher, dass er uns gezielt angegriffen hat, weil er sich durch die Menge geschlagen und uns dabei als Lesben bezeichnet hat. Daraus schloss ich, dass er irgendetwas mit dem Typ zu tun hat, mit dem ich früher an diesem Abend neben der Toilette geredet habe. Aber vielleicht auch nicht.
Als ich aufstand, nahm ich das Handy vom Tisch und rief die Polizei an. Einige Augenblicke nach dem Anruf kam der Typ im Sakko, der vorher bei uns war und eine Zigarette wollte, wieder auf uns zu und fing an, [redacted], die zu diesem Zeitpunkt auf dem Stuhl saß, mit dem Fuß an den Kopf zu treten, beziehungsweise an die linke Seite ihres Kopfes und dabei »fick deine Mutter, du Lesbe« zu schreien. [redacted] versuchte, sich mit den Armen zu schützen, der Typ schlug sie aber immer weiter mit den Händen auf Kopf, Hals und Schultern, dann kam die Kellnerin des Cafés herbei und beschützte sie buchstäblich mit ihrem Körper, das heißt sie stand zwischen [redacted] und diesem Typ und schrie mir zu, ich solle mich auf der Toilette verstecken, was ich auch

gemacht habe, – und sie kam mir hinterher und schloss ab. Wir hielten uns einige Zeit in der Toilette auf, der Vorfall hatte allgemeine Unruhe im Café ausgelöst, was ich vom WC aus hören konnte. Wie ich später erfuhr, waren drei junge Männer, die Stammgäste des Cafés sind, auf den Mann im Sakko gesprungen und hatten ihn buchstäblich aus der Kneipe getragen, indem sie ihn erst niederzwangen und dann hinaustrugen. Das Café war mit Glasscherben übersät, ein paar Stühle sind auch kaputt gegangen.
Wegen der Verletzungen, die wir uns bei dieser Gelegenheit zugezogen haben, wandten [redacted] und ich uns ungefähr um 2:30 Uhr an die Notaufnahme, um medizinische Hilfe zu bekommen, eine Kopie des Untersuchungsbefunds darüber werde ich später nachreichen.
Die Aussage mache ich im Beisein der Anwältin M.V., die ich selbst engagiert habe.
Das ist alles, was ich auszusagen habe.
Die Vernehmung wurde um 16:50 Uhr beendet.
Das amtliche Vernehmungsprotokoll wurde der Bürgerin gemäß § 288, Absatz 5 StGB vorgelesen und von derselbigen genehmigt.
Bürgerin Dragoslava Barzut bittet darum, eine Kopie des Vernehmungsprotokolls zu erhalten, es wird also konstatiert, dass der Bürgerin ein Exemplar des Vernehmungsprotokolls ausgehändigt wurde.

Dragoslava Barzut blieb mit dem amtlichen Protokoll allein in der Stille ihrer Wohnung, gleicher Tag, 17:56 Uhr. Es ist der letzte Tag ihres Daseins als Untermiet*erin in der ulica Stevana Dukića im Viertel Karaburma. Sie war mit den Umzugskisten allein geblieben, gestapelt bis zur Decke füllten sie das ganze Zimmer aus. Sie starrte auf die Sachen und fragte sich, ob wohl alles in die Kisten passen würde. Wie viele Kartons benötigt mensch, um fünf Lebensjahre zu packen. Ihre Aufmerksamkeit blieb bei den Buchtiteln in der Vitrine hängen, sie las wahllos einige von ihnen. Nachdem sie den Titel *Flucht* gelesen hatte, begann sie, so kräftig gegen die Kartons zu treten und mit ihnen zu schießen, dass sie sie in winzige Stücke zerriss.

Das dicke Druckerpapier, auf das die amtliche Mitschrift gedruckt war, ritzte kaum merklich ihre Hand. Sie faltete es zweimal, damit es in die Tasche passte. Wieder aus der Tasche gezogen sah es noch armseliger und sinnloser aus. Als sie das Feuerzeug daranhielt, glimmte das Blatt zunächst nur an einem Ende. Ein Flämmchen erschien, grün und gelb, das nach ein paar Sekunden größer und zu einer richtigen Flamme wurde, es roch wie feuchtes Holz im angeheizten Ofen. Dann explodierte es plötzlich wie ein großes Feuerwerk in tausend bunte Lichtsträuße. Als das Licht erlosch, ärgerte sie sich, es nicht gefilmt zu haben, denn das würde ihr nur schwer jemensch glauben.

Irgendwo dort in der Ferne zerfiel das Gerichtsgebäude in tausend Stücke, mit einem Krach, der Entsetzen auslöste und eine Lawine widersprüchlicher Informationen in der ganzen Region nach sich zog.

Es wird gesagt, der Platz werde noch immer mit Bulldozern geräumt. Was eigentlich genau passiert ist, konnte noch keine*r schlüssig erklären. Der Fall wurde weitaus gewissenhafter untersucht, als der von Savamala, bisher jedoch völlig ohne Ergebnis.

Neue Zeile:
Die dritte Wohnung seit heute morgen.

To be continued …

Anmerkungen der Übersetzerin zu einigen Begriffen im Text

S. 61: **Cvetka**
Ort in Belgrad in der Nähe des Marktes Zvezdara, der von allen nach einem Restaurant, das sich dort früher befand, bis heute »Kod Cvetka« genannt wird.

S. 73: **Crnjanski**
Miloš Crnjanski (1893–1977) war ein serbischer Schriftsteller und jugoslawischer Klassiker der Moderne.

S. 98: **Explosion in der Zentralgarage**
Originaltitel: »Otpisani«, dt. »Die Abgeschriebenen« (Jugoslawien 1974), Regie: Aleksandar Đorđević.

S. 113: **Užička 23**
Eine Straße mit prachtvollen Villen im Viertel Dedinje in Belgrad, in der die ehemaligen und aktuellen politischen Machthab*erinnen Jugoslawiens bzw. Serbiens wohn(t)en.

S. 114: **Vuk**

Denkmal für Vuk Karadžić (1787–1864, serbischer Sprachreformer, Übersetzer, Diplomat) im Park Ćirila i Metodija im Zentrum Belgrads.

S. 125: HUPER

Jugoslawische Collage-Zeitschrift für Teenager, Pendant zur BRAVO im deutschsprachigen Raum, die 1990–2008 erschien.

Anmerkungen zum diskriminierungskritischen Übersetzen von Dragoslava Barzuts »Die Nähe verlieren«

Die Autorin Dragoslava Barzut ist Aktivistin und experimentiert beim Schreiben mit der serbischen Sprache, um Androgenderungen zu vermeiden und möglichst inklusiv zu schreiben. Das hat das diskriminierungskritische Übersetzen ins Deutsche in gewisser Weise leichter gemacht, auch wenn die Probleme diskriminierender Sprache im Serbischen und Deutschen oft an unterschiedlichen Stellen auftauchen.

Im Serbischen wird Gender ständig bei den Endungen im Perfekt markiert, im Präsens gibt es dafür den Vorteil, dass ein Verb ohne Pronomen oder Substantiv stehen kann und alleine als Satz vollständig ist. Unpersönliche Sätze können in slavischen Sprachen schlicht und knapp mit Passiv gebildet werden, oder aber mit Du- und Wir-Formen, die im Deutschen zum Teil verwirrend wirken. Um nicht ständig Konstruktionen mit »mensch« (bzw. »man«) zu verwenden, habe ich in der Übersetzung oftmals nach kreativen Lösungen gesucht.

Barzut benutzt in vielen Passagen, wenn in der konventionellen Sprache Androgenderungen stehen würden, das generische Femininum.

Im Roman ist das so umgesetzt: Immer wenn die Erzählerin Elodi spricht, denkt oder erzählt, steht dort generisches Femininum. Und immer, wenn es sich um die wörtliche Rede von Figuren der älteren Generation handelt (Elodis Vater, die Anwältin »Die Entschlossene«, Baka Ruža u. a.), steht dort eine androgendernde Form. Der Autorin war es, wie sie selbst sagt, wichtig, den Generationenunterschied (auch unter den Feminist*innen im Buch) deutlich zu machen und die Figuren möglichst authentisch (zum Teil wörtlich zitiert) in ihrer mündlichen Sprache sprechen zu lassen.

In der Übersetzung habe ich mich in Absprache mit der Autorin und w_orten und meer entschieden, die Stellen mit generischem Femininum im Original mit inklusiver Stern(*)-Genderung oder, wenn möglich, genderfrei zu übersetzen. Bei der Figurenrede erschien es hingegen sinnvoll noch einmal zu differenzieren: So spricht der patriarchale Vater auch in der deutschen Übersetzung androgendernd, die Anwältin »Die Entschlossene« (die sich im Original selbst als »Anwalt« bezeichnet, aber als Frau identifiziert) spricht mit gendernden Formen, damit sie im Deutschen nicht konservativer wirkt, als es der feministischen Einstellung dieser Figur entspricht. Grundsätzlich sind die Figuren in »Die Nähe verlieren« zweigegendert und stellen Zweigenderung nicht für sich infrage.

Manchmal wechseln sich im Text also kurz hintereinander Sätze mit androgendernden mit solchen mit Genderstern-Formen ab – entsprechend der Erzählweise des Romans, in der sich die Erzählperspektiven sehr häufig schnell abwechseln.

Die meisten Personen oder Berufsbezeichnungen sind im Original genderspezifizierend gemeint, z. B. der Arzt in der Kleinstadt in den 90er Jahren, da diese laut Dragoslava Barzut damals alle männlich waren. Dies sind also keine androgendernden Ausdrucksweisen, sondern genderspezifisch männliche. Die Sprache der Behörden, die in den Briefen wiedergegeben wird, enthält hingegen Androgenderungen. An diesen Stellen habe ich mich gegen Genderung durch Sternformen entschieden, damit die Absicht der Autorin, die realen Verhältnisse genderistischer Diskriminierung und Ungleichheit sichtbar zu machen, auch in der Übersetzung deutlich wird.

Marie Alpermann, Februar 2021

w_orten & meer – Verlag für verbindendes diskriminierungskritisches Handeln

w_orten & meer ist ein non-profit Verlag ~ Bücher und Publikationen sind für uns eine wertschätzende Gestaltung von Welt. Wir verlegen Bücher, die zu intersektionaler Gewalt empowernde Perspektiven eröffnen und neue Ausdrucksweisen anbieten.

Der Verlag arbeitet sozial und ökologisch nachhaltig: bei der Herstellung und dem Transport der Bücher, beim Einrichten und Unterhalten des Büros und auf der Ebene der Bezahlung von Menschen, die an den verschiedenen Produktionsschritten für ein Buch beteiligt sind.

Weitere Informationen zu unserer Arbeitsweise sowie unser Gesamtprogramm finden sich auf unserer Webseite:

www.wortenundmeer.net